自分らしい終末や葬儀の生前準備

「生《しょう》老《ろう》病《びょう》死《し》」を考える

源 淳子

あけび書房

はじめに

四半世紀をともにしたつれあいが亡くなりました。つれあいという言い方は、わたしたちふたりが了解して使用した言い方です。妻でもなく夫でもない場合の言い方が日本ではむずかしいです。パートナーであることは確かですが、しっくりした言葉ではありません。自立した者同士が一対一の対等な関係をつくろうとして生活を始めました。生活を始めてからは婚姻と同じ気持ちでしたし、周りからもそのようにみられていました。

つれあいが亡くなったのは２０１６年11月27日、73歳。そのときわたしは69歳でした。前年の10月に、原発性の肺ガンであり、ステージ4、余命3～6か月と宣告されました。それから1年を超えて生きたことになります。「よく永らえた」という感じはありますが、ひとり残された寂しさは日増しに募ります。生前に「死」のこと、葬儀のこと、墓のことなどは話していました。そういう話が何の抵抗もなく、話し合える人でした。

つれあいが亡くなった1週間後には、わたしは西宮市の市民講座での講義が入っていて、そのタイトルは「誰にでもやってくる…人生のしめくくり」でした。

チラシのリードには「老後、終末期、お葬式、お墓…。必ずやってくることなのに、なかなか向き合えない。ひとまかせにしてないで、ちょっと考えてみませんか？　寺の娘に生まれ育った講師が、自分らしさ、多様性に迫ります」となっていて、わたしの体験したそのままが求められた講座でした。

わたしは1週間前のつれあいの死については何も触れず、これまで考えてきた問題点とこれから考えたいことを会場の参加者と共有したいと思って話しました。話しながらつねにつれあいのことが思い浮かび、わたしにとってつらい講座でした。

主催者が予想もしないほどの参加者となり、グループディスカッションは盛り上がり、時間が足りないと文句が出たくらいでした。それだけ人生のしめくくりの問題に関心があり、けっして他人事とは思っていない人が集まったと思います。

わたしは、参加者のなかに葬儀の主催者か葬儀に参列したことがない人がいるかどうかを尋ねました。そういう人はひとりもいませんでした。年齢の高さをうかがうことができる参加者でした。また、葬儀に参列したり主催して「ほんとうにいいお葬式でした」と思えた人は、パラパラとしかいなかったのに対し、主催して「文句があった人は？　腹が立った人は？」と尋ねると、多くの人が頷きました。その多さに納得しながら、「どこかへその文句をいっていきましたか」と問うたら、みんな頭を横に振ったのです。葬儀が終わってから気づいても、どこへ文句をいってもいいかも分からず、グチをこぼすだけになっていることが分かります。実際、文句をいって解決する場はないと思います。

わたしがおもしろおかしく、「「高い葬儀代を取られた」「お坊さんに戒名料を高く取られた」「高いお布施を取られた」などという不満や文句ではありませんか」と聞いたら、ほとんどの人が笑いながら頷いていました。なかには「そう、そう」と声をあげた人もいました。

「取られた」という発想になるのは、一般の買い物をしたときにはまずはあり得ません。よほどのことがない限り、自分が納得して支払うからです。なぜ葬儀の場合、こういうことが起こるのでしょうか。

そして、すでに先祖の墓がある人は、墓があることで安心しています。しかし、自分の代はその墓を管理できますが、次の代は分からないし、子どもたちに負担をかけたくないと多くの人が考えています。また、墓を持っていない人のなかには悩んでいる人がいます。墓はほしいが、高いし、あとのことを考えるとどうすればいいか分からない。一方、墓なんていらないと思うが、では実際にはどうしたらいいかという答えをみつけられないままでいます。墓などいらないと思いながら、最後に残る「遺骨」をどうするかを真剣に考えている人は多くはありません。

わたしはこうした葬式や墓の問題を不満や文句を残さずにおこなえました。つれあいと生前から話し合っていたことが大きいと思っています。死や死後の問題は生きているときの問題であることを痛感しています。しかし、多くの人は夫婦・親子・きょうだい間などで生きているときに死や死後の話がなかなかできません。そのことができるにはどうしたらいいかがこの本を書く動機のひとつでした。

そして、わたしの友人が貴重な体験を提供してくれました。話を聞くだけではなく、葬儀代などの見積書まで提供してくれました。自分の体験が多くの人と共有できるなら、また、高齢化社会のなかで、同じ体験をしてほしくないから、ひとごととは思ってほしくないからといって、わたしに原稿を書くように背中を押してくれました。

わたしの体験をさらけ出すことの恥ずかしさはありますが、参考にしてもらいたいと思います。しかし、この本に書くことがすべてではありませんし、百人いたら百人の考えがありますし、実践があります。

わたしは、これまでの市民講座で、葬式や墓の問題について何回か問題提起をしてきました。普段から考えていたので、それほどむずかしくはありません。わたしが寺に生まれたことも関係していました。しかし、つれあいを亡くし、一連のことをすべてわたしひとりでやらなければなりませんでした。

これまで実家の曾祖母や父、恩師や友人などを亡くしましたが、主催者になったことはありませんでした。葬儀社への依頼も初めてでした。葬儀社への連絡は、つれあいが生きているときにしなければならないことと死後にしなければならないことがあります。死後初めてする人もいますが、やはりあわててしまいます。少しでも納得のいくように調べて準備したらいいのですが、自分の思うように事が運びません。それもひとりでしなければなりませんでした。

多くの人が葬儀社に自分の考えをいえません。「ノー」となかなかいえないことも自分の体験でよく分かりました。

結論を先にいえば、亡くなる人が自分であっても配偶者であっても家族のだれであっても、生きて元気なときに「死を迎えること」「死のこと」「死後のこと」が具体的に話し合われていないことに気づきました。それらのことがきちんと話し合われていれば、どんな死を迎えても、亡くなった人の気持ちを思い出すことができます。

ある人は、夫を亡くして「頭が真っ白になって葬式のことをまったく覚えていない」と話してくれました。そのときは幸いにして代わりをしてくれる人がいたから、対応をせずにすますことができたそうです。そういう人がいなければ、どれだけ頭が真っ白になってもその人がしなければなりません。

さらに突然死の場合は何をどうしていいか分からなくなるでしょう。しかし、葬儀社の人は冷静に事を運んでいきます。それに対応せざるをえません。たとえ子どもを亡くし泣き叫んでいても、そのままで待ってはくれないのが死後の一連の流れです。遺体を火葬場に送り、お骨にするまでは待ったなしなのです。

わたしはこの一連のことを初めて体験しました。後悔も怒りもありません。終わった後、友人が心配やねぎらいの電話をしてくれましたが、つれあいの死から1週間後の講座や過去のいろいろな講座を思い出し、後悔や怒りを持っている人が少なからずいることを改めて知りました。わたしの例はまれだったようです。

つれあいの葬儀は直葬《ちょくそう》でした。直葬をおこなう人も少ないので、少なからず驚かれたり、親族のなかには不満に思った人がいるかも知れませんが、つれあいとわたしの一致した考えでおこなったので、直接わたしに文句をいう人はいませんでした。

人は必ず死にます。その後始末をしなければなりません。それは、残された人に任されます。悔いがないように、また、不満や文句が出ないために、わたしはこのことを書こうと決心しました。

また、残されたわたしもいつかは必ず死にます。子どもがいないわたしは、死を迎えること、死後のことをだれにどんなふうに頼むのか。死は突然にくるかも知れません。生きて元気なときにしなければならないことがあると思います。それもまた、わたしの問題としてこの本を書く動機となりました。

そして、わたしはつれあいを亡くした喪失感を埋めるためにパソコンに向かいました。書き続けていくことはつらい面もありましたが、哀しみにジッと耐えているよりましです。

つれあいの死・死後のわたしと友人の体験がどなたかの参考になれば幸いです。

源　淳子

はじめに　3

1章「病」をどのように捉えるのか……16
生老病死　16
つれあいの発病　19
闘病生活の傍らの者として　21
ヘルパーを頼んではみたが　24
駅がみえる病室　27

2章「死」をどのように考えるのか……30
だれもが迎える死　30
「孤独死」ということ　32
死の話ができた子どものころ　35
つれあいの死　37
つれあいの死の直後　41

死者に対して何ができるのか　46
逝く人との別れ　48
逝く人の和解――自分自身との和解　52
逝く人の和解――家族・友人との和解　55
逝く人の和解――神や宇宙との和解　59

3章　お葬式を考える……62

「天国の○○さん」「天国から見守ってほしい」ってどういう意味？　62
葬儀社の選択　66
葬儀社との打ち合わせ　70
病院や自宅から葬儀会場へ（病院から自宅へ）　74
看護師さんもいろいろです　77
遺体は葬儀会場へ　82
わたしは「おかあさん」ではない　84
遺体の安置場所　86
葬儀の見積書　90
死亡届と死亡診断書　93

家族葬とは名ばかり 95
藤岡有希子さんの夫の葬儀 97
真の家族葬をするには 101
山野映子さんの夫の家族葬 104
山野さんの夫の事務的な処理 108
位牌の値段 110
直葬 112
島桃子さんの両親の直葬 115
つれあいの直葬 119
焼香の順序 123

4章 戒名（法名）を考える …… 125

戒名（法名）とは 125
戒名（法名）の歴史——近世まで 128
戒名（法名）の歴史——近代 131
戒名（法名）の歴史——戦後 134
戒名（法名）をどうするのか 136

友引　139
死の穢れ　142
服忌令　145
喪中ハガキ　147

5章　遺骨はどこへ……149
引き取り手のない遺骨　149
遺骨収集ということ　155

6章　お墓を考える……158
火葬場　158
藤岡有希子さんの夫のお墓　161
山野映子さんの夫のお墓　164
島桃子さんの両親のお墓　166
「千の風になって」の思い　168
現代の墓事情　174

7章　看護に必要なこととは……178
家をあけなければならないとき　178
つれあいがお世話になった友人　180
ひとりでしなければならないこと　182

8章　わたしの死後をどうしてほしいのか……186
友人が語る自己の死後のこと　186
わたし自身の死後を考えると　189

あとがき　194

あらかじめ準備しておくチェックポイント……203
葬儀に関してあらかじめ準備しておくチェックポイント
墓・仏壇に関してあらかじめ準備しておくチェックポイント

自分らしい終末や葬儀の生前準備

——「生老病死」を考える

1章　「病」をどのように捉えるのか

生老病死《しょうろうびょうし》

仏教はこの世における人間のあり方を「苦」と捉えます。その代表が「生老病死」です。この世に生まれてくること、老いていくこと、病になること、死ぬことは「苦」であると捉えます。仏教がいう苦は生老病死だけではなく、他に「愛別離苦《あいべつりく》」（愛するものとは別れなければならない苦）、「求不得苦《ぐふとくく》」（ほしいと思うものが得られない苦）、「怨憎会苦《おんぞうえく》」（怨んだり憎む人とも会わなければならない苦）、「五蘊盛苦《ごうんじょうく》」（体を構成している要素が働きすぎる苦）という人間関係に関することで起こる苦も含みます。

釈尊（お釈迦様）が「生老病死」を苦と感じたのは、まだ出家もしていない、悟《さと》りを開いてブッダとなっていないときの話です。

裕福な生活をしているシッダールタ（釈尊の出家前の名前）は、鋤《すき》でおこされた土中の虫が鳥に食べられる状況をみて、一方が生きるためには他方が殺されることによって生きていくことを感じ、東門から出て老人をみて老いの苦しみを感じ、また、南門から出たら倒れている病人をみて病の苦しみを感じ、さらに、西門から出たときには死人に出遇って死の苦しみを感じます。最後に北門から出たとき、修行者に遇い、自らも出家しようと決心しました。四門出遊《しもんしゅつゆう》といいます。

シッダールタの出家は29歳です。70歳という年まで生きてきたわたしから考えると、そのまま苦と捉えるだけではすまない点もあります。老いることを苦のみに捉えることができるかというと、そうではない面もあります。体力がなくなり、記憶力の衰えで恥ずかしい思いをしたことが何度もあります。

しかし、老いが苦だけではなく歳を重ねるごとに人との関係が深くなったり、人生そのものを客観的にみる余裕ができたり、若いときの苦しみが懐かしさに変わったり、新たに知ることに感動したり、長く生きることでの喜びや楽しさもあります。老いが苦だけではないということなのです。

また、病も同じことがいえます。病になってみえる世界があります。そのまま亡くなっていく場合もありますが、治らない病を抱えながら生きていくことは、苦だけではありません。わたしのつれあいは肺ガンで亡くなりましたが、その14年前には前立腺ガンを患い、その後遺症に悩んできました。後遺症については後述しますが、その苦しみを抱えながら、人生を深く考えていました。そのことを本に著すことができたのは、その結実ともいえます。病が苦の面ばかりではないことを表しているのです。

しかし、仏教はその点さえ移ろいいくもので、悟りの世界ではないと説きます。諸行無常です。釈尊はこれらの苦を乗り越え、悟りを開きました。

仏教の根本真理は「諸行無常《しょぎょうむじょう》」「諸法無我《しょほうむが》」「涅槃寂静《ねはんじゃくじょう》」で、それを三法印《さんぼういん》といいます。諸行無常とは、因縁によってつくられたものは永久不変ではなく常に変化することをいい、諸法無我とは、永遠不変の実体は存在しないことをいい、涅槃寂静とは、生死《しょうじ》（迷いの世界）を乗り越えて悟りの世界のことをいいます。その教えは仏教者の生き方を示します。

永遠不変の実体がないから、わたしたちは人生のなかでいろいろな苦しみに出遇います。ほんとうは出遇いたくないのに、悩んだり、怒《いか》ったり、悲しかったり、苦しんだりといわゆる「楽しさやうれしさ」の反対のことに出遇ってしまいます。もちろん楽しいことやうれしいこともあるのですが、人生は永遠不変ではありません。

そのなかで「死」は、自分の死はもちろん、大切な人の死とも出遇います。わたしの死も大切な人の死も避けて通ることができません。人間の大きな課題です。また、死につながる「病」「老い」もどのように向き合うかは大きな課題です。

つれあいの発病

もっとも身近なつれあいが死につながる病となりました。余命3～6か月という肺ガンの宣告でした。14年前に前立腺ガンを発病したときにも、死につながると思い、不安でした。当時、余命宣告は受けませんでしたが、生存の確率が5年間で50％といわれました。この数字はつれあいにもわたしにもピンときませんでした。つれあいは担当医に再度尋ねたのですが、了解できていませんでした。

つれあいの闘病生活が始まりました。このとき、「手術はできない」といわれたことはショックでした。どこかで「手遅れ」と理解してしまうからです。しかし、先端医療が始まる寸前で、保険がきく段階での治療となり、放射線とホルモン治療でした。抗ガン剤はいっさい使用されませんでした。

つれあいが病と向き合い、決まった日程どおりに病院へ通うことになりました。急に日常生活に支障をきたすことはありませんでしたが、病院へ行く日は一日費やすことになります。この前立腺ガンのときには、つれあいはわたしにつき添ってほしいとはいいませんでした。体力もあり、自分が車を運転して通いました。木津川市（京都府最南の市で奈良市と隣り合わせ）から京都市内の京大病院まではかなりの距離がありましたが、厭いませんでした。新たな病を発症するころには、3か月に1度の通院方法になっていました。そのうえ、以前に住んでいた宇治市のホームドクターへは1か月に1度通院していました。

その最先端治療のなかで、つれあいが苦しんだのは、放射線とホルモン治療による治療後の副作用という後遺症でした。

ホルモン治療の結果をわたしに隠すようになりました。それは、体に異変が起きたからです。女性ホルモンを投与されているから、髪の毛がふさふさし、髭がなくなりました。しかし、それは問題ではありませんでした。体が女性化してその兆候が現れたのです。胸がふくらみ、おしりに脂肪がつき、普段はいていたジーンズが入らないほどになっていきました。さらに、更年期障害としてわたしが体験したような、体がほてったり、汗が急にドッと出たりするようになりました。

治療が終わったとき、前立腺ガンはほとんど消えていました。しかし、両手の親指・人差し指・中指がしびれて痛くなる、耳鳴りが常時する、腰のあたりが氷を抱いているように冷たいという後遺症が発症しました。ガンがなくなったことの引き替えにこれだけの後遺症に苦しまねばならなくなりました。ガンがなくなったことを心から喜んでいないことが分かりました。後遺症を治すためにいろいろなことを試み、病院にも訴えましたが、その手立てはありませんでした。彼は苦しさを引き受けるしかありませんでした。

闘病生活の傍らの者として

つれあいの闘病生活の傍らにいるわたしは、辛いつれあいと向き合うしかないのです。同じ家のなかで暮らす者として、だれかが闘病生活をしているとき、他の家族はどのように当事者と向き合ったらいいのでしょうか。しんどさや苦しさが「分かる」とは思いません。そして、その当事者になれるはずもありません。当事者がしんどいとき、その辛さによって平常心ではなくなるときがあります。つれあいの場合も何度もありました。

そのとき、わたしはほんとうに困り果てました。どう対応していいか分からないのです。ただ聞くしかありません。しかし、聞くのはしんどいことです。聞きながら、「彼のしんどさはこんなものではないから…」と、自分にいい聞かせるしかありませんでした。

そして、今回の余命告知の「病」です。原発性の肺ガンでした。ガンの原因はいまだ明確には分かっていません。しかし、すでにガンを宣告され、余命までいわれている状況下で原因が分かっても、どうしようもありません。「死」を考えざるを得ません。しかし、今日明日に死ぬわけではないのです。どれだけ現在のガンを小さくし、より長く生きるかが課題です。

当事者であるつれあいがすることは医師のいうとおりに治療を受けることです。しかし、つれあいは医師任せではありませんでした。とくに抗ガン剤については全面的な信頼をおいているわけではなく、インターネットで調べたり、ホームドクターの意見を聞いたりして、自分なりの考えをつくっていきました。傍らのわたしはそのとおりを受け入れるしかありません。

退院してふつうの生活ができるときもありました。パソコンに向かい、秋には大好きな柿を買ってきて、つるし柿をつくったり、ちょっと大きめの干し大根をつくったりして、自分が食すこともできましたし、人にあげたりして喜んでいました。頭への転移があったので、車の運転はやめるようにいわれ、すぐに車を手放しました。コミュニティバスを利用し、大好きな農協や近くのスーパーへ買い物に行くこともできました。農協にもスーパーにも懇意となった女性の販売員がいて、珍しい食材をみつけると、料理の仕方や野菜の処理の仕方を聞いていました。

定年退職をしてから、晩ご飯のおかずをつくるのは、基本的につれあいでした。そして、晩ご飯はほとんどつれあい任せでした。あるとき、友人と会食をしたときです。家での食事をだれがつくるかの話になり、友人が「源さんは自分で何もしないで、好きなことだけをしているんですね」といわれ、晩ご飯をつくることは他のすべての家事もしているように思われるのだと、その誤解を解かねばとわたしは思いました。

「朝ご飯はわたしがすべてしていて、前立腺ガンになってから、エノキ氷とタマネギ氷をつくり、スムージーに10種類ぐらいの野菜や果物を入れています。また主食は玄米を煎り、黒豆を煎り、ホームドクターからもらうハトムギを加えて前日から水につけ、明朝煮出し、冷めたらクコの実を入れてミキサーにかけています。そしてヨーグルトは手づくりです」と話したら、「源さんもやっているんだ」と友人は理解してくれました。

しかし、亡くなる3か月前くらいからは、体が思うように動かなくなってきました。この「亡くなる○か月前」とか「亡くなる○日前」は、亡くなったからいえることであり、そのときには、こういう感覚はいっさいありませんでした。

これから書いていく場合も、同じことです。こうして書いているときに計算ができるのは、亡くなったことを思い知らされることでもあります。身のまわりのものをそのままにして亡くなっていきましたし、3台も使っていたパソコンもそのままです。

ヘルパーを頼んではみたが

わたしは、夕食には必ず帰宅するようにしましたが、どうしても仕事や用事でお昼をあけることになってしまいます。

亡くなる4か月前、ヘルパーを頼むように担当医に勧められ、また在宅看護の医師と看護師の紹介も受けました。まず、介護保険を使ってヘルパーに来てもらうことにしましたが、その手続きは簡単ではありませんでした。すぐに必要とするからヘルパーなのに、市役所で申し込み、その連絡を受けて介護事業所へ連絡します。市役所へ行ってから3週間が経ってやっとヘルパーに来てもらうことができました。

1時間の予約なので、その間にしてもらうことは、わたしが用意した夕食を冷蔵庫から出してレンジで温めて食卓へ出してもらうことです。夜帰宅してつれあいにヘルパーのことを聞いたら、「もう二度と来てもらわないでほしい」と怒るようにいいました。まったく気に入らなかったのです。

そのヘルパーの記録が残っています。16時40分~17時40分、サービスの種類は「身体介護中心」で、「事前チェック」として「顔色」にチェックがしてあります。その内容は、

「食事介助」の「一部介助、水分補給、食事量・完食」と「移動介助」「起床介助」「服薬介助」です。あと、「自立支援」の箇所に「入浴・更衣・移動時等の自立への声かけと安全の見守り」、「意欲・関心の引き出し」にチェックがしてあります。記録には「ベッドに寝ておられました。起き上がり時、痛みがあり介助します。食事はほぼ1人で召し上がられ「おいしい」と。途中むせこみあり、左わき腹痛みます」と書かれていました。

してもらって悪いですが、1時間もかからない仕事です。つれあいはなにが気に入らなかったのか多くを語りませんでしたが、「入浴・更衣・移動時等の自立への声かけと安全の見守り」、「意欲・関心の引き出し」の言葉だったと思います。ほんとうにつれあいの状態が分かって来ているわけではありません。「もう絶対に要らない」といった言葉には、理由を聞く隙もありませんでした。

事前に一度来てもらったときに、印鑑が必要でしたが、家のはんこを彼女が持っていました。いつどこから持ってきたかと問うたら、「だいたいありそうなところが分かるから、そこをあけたらありましたので、持ってきました」と答えたのです。玄関の下駄箱の上に引き出しのついた箱を置いているので、そこの「右をあけたら違ったので、左をあけたらありました」といったのです。

そのとき、わたしはそのヘルパーに不信感をいだきました。わたしに頼むべきです。勝手にあけていいとはだれもいっていません。勝手にあけていいのは、お願いする食事の用意をする冷蔵庫です。

たった一つのことではありましたが、ヘルパーのやり慣れた仕事が、利用者の気持ちを害することがあります。つれあいも同じようなことを感じたのかも知れません。

ヘルパーを断ることは賛成でしたが、わたしはほんとうに困り果てました。仕事を休むわけにいきませんし、だれに頼むかを考えましたが、いい案が浮かびませんでした。

「窮すれば通ず」ではありませんが、つれあいも知っている吉武とも子（仮名、1951年生まれ）さんが思い浮かび、つれあいに聞きました。うれしそうな顔をして、「吉武さんならいい」といいます。早速、わたしは吉武さんに頼みました。

家のなかに入ってもらい、食事の世話をしてもらうことは考えたら大変なことです。調理はしてありますが、レンジで温め、用意をしてもらうことです。つれあいが玄関まで行き、ドアを開けることが困難になっているので、家のカギを渡すことになります。信頼関係がなければ、できないことです。

快く引き受けてくれた吉武さんでした。彼女に家のカギを渡し、どんなことをしてほしいかを頼みました。まずはつれあいが喜びました。彼女が来てくれることを心待ちにしていて、心地いいのです。ときには、わたしが帰宅すると、彼女との会話を報告してくれました。

子どもがいないわたしにとって、頼る人は友人しかいません。「遠くの身内より、近くの他人」を実感します。現実の問題として、子どもがいても子どもを頼ることはできないという友人がいます。実際に遠く離れている子どもが仕事を持っている場合、長期間帰ってもらうことは不可能でしょう。

遠距離介護や看護をできた人がいますが、それは、時間を自由に使うことができる人か、決められた一定の期間をやったということであり、その回数が多いほど介護され看護される人が長い病に伏していたということです。実際に介護や看護をやると、遠距離ではできないことが分かります。病人の付き添いに必要なことが毎日のように生じてくるからです。

駅がみえる病室

最初に告知を受けて入院した病院は、京都市内の京都府立医科大学病院でした。検査入院もありましたが、本格的入院は２０１５年10月13日から４週間の入院でした。わたしが通う大変さもあり、治療が決まっていたので、再入院は同じ系列の地元の病院にお願いしました。再入院が2016年1月5日です。それから何度かの入退院を繰り返し、最後の入院が10月12日でした。

JR木津駅のすぐ近くにあり、6階の病室から駅がみえます。木津は昔から京都と奈良をむすぶ要所であり、JRの駅もその影響を受けて、京都と奈良を結ぶ線（奈良線）、加茂駅からJR大阪駅につなぐ線（関西本線）、木津を始発駅としてJR京橋、宝塚、篠山口までつなぐ線（学研都市線）の3本が通っています。

つれあいの意識がなくなってから、看護師に「立ち上がることができる頃は、奥さんが帰られる時間になると、駅をじっとみておられました。いっしょにみていて、学研都市線の電車が着いたので、あの電車ですか」というと、「違う。今日は京都へ行っているので、奈良線の電車です」と、奥さんの帰りを待っていらっしゃいましたよ」と教えてもらいました。JRを利用するときは必ず病院へ食事と着替えを持って行き、帰りに寄って、からになった食器と洗濯物を持って帰っていました。

わたしも40代のとき20日間の入院をしたことがあります。三叉神経痛で、2か所の三叉神経に血管が邪魔していたので、脳神経外科で6時間に及ぶ大手術を受けました。命に関係はなかったのですが、病室で待つのは、つれあいが来てくれることでした。時間の許す限り、夕方に来てくれ、何か一品食べるものを持って来てくれました。そして、持って来てくれた一品をおかずにご飯を半分にしてふたりで食べました。病院のおかずをつれあいが食べてくれたのです。自分でつくる人でしたので、つくったときにはおかずが多めなので充分ふたりのおかずになりました。

六人部屋にいたので、同室の人が、あるときわたしにいいました。「お宅のご主人、調理人なの」と。夕方の忙しい時間に調理人が来るはずもありませんが、調理したものを持って来るので、勘違いされたのです。

毎日、わたしが待っていたのはつれあいでした。病室で一日中過ごすには、いくら本が読め、パソコンが打てるといっても、病室は病室です。来てもらいたい人を待つのは、病人の本心です。来てもらいたい人がつれあいでなくてもいい。だれであってもいい。来てもらいたいと思う人がいることは、その人がつくった人間関係です。入院したときに、そういう人間関係があるということは、元気なときにつくれているかどうかであると実感しました。そして、わたしは来てもらいたい人が来てくれたのです。

2章　「死」をどのように考えるのか

だれもが迎える死

だれもが死を迎えます。しかし、そのことを生きているときに考える人は多くはありません。「縁起でもない」「不吉だ」「そんな話はするものではない」などといわれ、これまでは避けられてきました。

２００１年「千の風になって」という歌が流行りました。２００８年には映画「おくりびと」が上映され、多くの人が観ました。それ以前の１９８４年には「お葬式」が上映され、多くの観客を集めましたし、いろいろな賞を得ましたが、この映画によって自分や親族の「葬式」への関心が高まったとはいえないと思います。その意味では、この映画を作成した伊丹十三は時代をみる目が早すぎたのかも知れません。２０００年代になって、「終活」という言葉が使われるようになり、「死」について語ることがタブーではなくなりました。

「お葬式」の映画と同じ時代、１９８６年5月、わたしの父が胃ガンで亡くなりました。1月末にガンと診断されましたが、手術が望めない状態でした。まだ本人に告知する時代ではなく、家族全員が胃潰瘍だと嘘をついて父に接しました。

だから、１９９3年の逸見政孝元フジテレビアナウンサーの記者会見は衝撃的でした。一度記者会見をしたあと、「その時に私が発表した病名はたいへん申し訳なかったのですが、嘘の病名を発表いたしました。（中略）ほんとうのことを申し上げます……わたしが今、冒されている病気の名前、病名は…ガンです」の言葉は、自らがガンを告白することの珍しさでした。進行性胃ガン（スキルス胃ガン）であり、その後3か月あまりで亡くなったことがさらに衝撃をもたらしました。そのうえ、48歳の若さだったことが衝撃に追い打ちをかけました。

そういう時代を過ぎて、現在は本人に末期ガンでさえ告知される時代となりました。ガンでも亡くなり方はそれぞれみな違います。亡くなる人の臨終に立ち会うことができるのは、死期の見当がつく場合です、突然の天災や事故の場合は臨終どころか霊安室での対面もありえますし、遺体に出遇えないケースもあります。

死はだいたいの予想がつく場合とそうではない場合があります。病気の場合でさえ、予想がつくこともありますが、そうではない突然死のようなケースもあります。事故や天災などの不慮の事態が起こったときには、死への準備さえできません。死はいつだれの身の上に起こっても不思議ではありません。しかし、わたしたちは自分の身の上に突然死などは起こらないと思い、予想さえしないで生活しています。

逸見政孝のあまりにも早い死に対して、逸見と関係ある有名人のコメントが発表されました。なかでもビートたけしのコメントは印象に残っています。「だれでもが死ぬから…」といい、自らの悲しみを慰めているようなコメントでした。ほんとうにだれでもが死ぬのです。しかし、その死に方はすべての人によって違います。

「孤独死」ということ

ただひとついえるのは、ひとりで死んでいく「独死」であることは間違いないことです。心中だって死ぬときはひとりです。その死を「孤独死」という時代となりました。その言葉が登場したのは、高齢化が進んだ1970～80年代です。孤独死が問題とされるのは、「他人事ではない」とされる点と「孤独死はよくない」と考える視点です。

前者の「他人事ではない」の統計がありました。「他人事ではない」と思う人が70％いるとのことです。その理由は多い順に、「友達が少ない、親戚と疎遠、認知症になるかも、相談できる人がいない、近所づきあいが悪い、金銭面が不安、健康面が不安、人に頼りたくない」として挙がっています。

「他人事ではない」と思わない30％の人の理由は、「趣味活動に参加、地域活動に参加、親戚が近くにいる、仕事をしている、相談相手がいる、健康に自信がある、信頼できる友達がいる、家事が得意、金銭面に不安がない」の順ですが、分かりやすいのは「他人事ではない」と思う人と反対の理由が多いことです（「朝日新聞」2017年1月28日）。

そもそも「孤独死」の定義は、『高齢社会白書』（平成28年度版）では「孤立死」とされていますが、「誰にも認められることなく亡くなった後に発見される」死をいいます。『白書』によると、「単身世帯の高齢者の4割以上が孤立死を身近な問題だと感じている」といいます。「朝日新聞」よりも低い数値を示していますが、「他人事ではない」問題であることは事実です。

後者の「孤独死はよくない」という統計は載っていませんが、体験談や意見のなかに、

「どこまでを孤独死というのか。子どもや友がいてもみとられず、急に亡くなる場合もある」「人は一人で生まれ、死んでいくもの。一人で死んだからといって孤独死というのはオカシイ」「孤独死がいけないこととして取りあげられる理由がわからない」「孤独死は悪いことだろうか。みとられるから幸せだとは思えない」に代表されるように、「孤独死と表現してしまうと、人生の終わり方が寂しいものという印象を与えてしまう。もっと適切な表現はないものか」「孤独死という言葉が悲惨なイメージをもたらしている。一人暮らしに憧れているので、一人で死ぬのは仕方ない。むしろ自由死と思いたい」（「朝日新聞」同前）が挙げられていて、わたしもこの意見に賛成です。

看取られる人が幸せで看取られない人が不幸せとは限りません。どこでどんなかたちで亡くなるのかは、分かりません。家族とともに生活していてもだれもいないときに亡くなる場合もあります。家人が長い間旅行に行っている間に亡くなることだってあり得ます。問題は、亡くなったあとに発見が遅れるのは困ることが、「朝日新聞」にも載っています。「孤独死を不安に思う要素に、死後の後始末の問題がある。この問題がクリアできていれば、死の瞬間に一人で問題ないという人たちはいる」「孤独死でいいが、後始末をしてもらえる公的システムが欲しい」（同前）などの意見が出ており、ひとりで亡くなることをよしとしても、亡くなったあとの発見と後始末の課題が残ります。

この課題もつれあいを亡くしたあと、わたしの今後のテーマとなりました。

死の話ができた子どものころ

わたしは島根県奥出雲の小さな浄土真宗本願寺派の寺に生まれました。わたしが選んで寺に生まれたのではありません。子どものころ、寺に生まれたことを喜べませんでした。友だちから「人が死んだらもうかるやろ」と嫌みをいわれ、大きな寺ではなく貧乏だったのに、友だちからみたら「もうかる」ようにみえていたのです。きっと家族のなかで「お寺はいいわね。楽してお金が入る」というような会話がされていたことが予想されます。

小さな寺というのは、門徒数が少ないことを指します。一般には檀家数のことです。そのうえに、この地方には、月参り(毎月の命日に僧侶が各家庭で読経する)という習慣がありません。檀家の数が多ければ、それだけ葬儀の数が多くなり、法要などの数が多くなりますから収入は当然多くなります。

寺に生まれてよかったと思えるようになったのは、大人になり死の問題を考える時期になってからです。死の話がタブーではなかった家族を思い出したのです。葬儀があった日の夕食は、住職である父が必ずその家の様子を話してくれました。なかには、わたしが知っている人が亡くなった場合もありました。

父の話でよく覚えているのは、長い間義父や義母の看病をしてきた「お嫁さん」の話です。「悲しそうに涙を流しているけど、ときにチラッと笑みがみえたり、ホッとした表情があった」と。「嫁」の立場でほんとうに辛かっただろうと、父は同情しながら話していました。

父は毎晩晩酌をしていましたが、その量が増えたのが、子どもを亡くした家の話のときでした。死が順番にいかないときです。母親が泣き崩れる姿を思い出しながらおちょこを口に運んでいました。年齢順に亡くならないことは、わたしの子どものころにはよくありました。近所の子どもが亡くなったことを覚えています。

戦後間もない頃ですから、田舎で医療が充分でなかったこともありますが、避妊の知識がまだ浸透していなくて、子だくさんの家庭では幼子の死がありました。わたしが生まれた1947年の合計特殊出生率が4・54人です。戦後のベビーブームの始まりです。しかし、同年に亡くなった新生児と乳児をあわせると、28万人を超えています。合計特殊出生率が2・98人になる1952年で新生児と乳児の死が15万人まで減っています。

現在3000人を割っていることを考えると、いかに多くの親が幼子の死を体験し、その葬儀に立ち会ったわたしの父がいたのです。家庭のなかで死の話ができることをあたりまえにして育ったのですが、父の酒の量が増えるのが嫌いだったので、夕食での葬儀の話はやめてほしいと思っていました。

大人になり、友人や知り合いが、自分の家庭で死の話をしていないことに気づきました。現在、死の話がタブーではなくなったといっても、夫婦・親子・きょうだい間などで死の話をしている人は少ないでしょう。わたしは子どものころ、父が話す死にまつわる話が嫌でしたが、大人になって、よかったと思うようになりました。

大学は自宅から通うことができず、故郷を離れました。休みごとに帰省して休みが終わって家を離れるとき、父は必ずいいました。「これが最後になるかも知れない」と。死はいつだれの上に起きるか分からないから、父かも知れない、わたしかも知れないと真剣にいっていましたが、わたしは「またか」と思っていました。それは、父の死生観だったのです。わたしはその死生観を確実に受け継いでいると思います。

つれあいの死

つれあいは亡くなる9日前に意識を失いました。意識を失ってからどのくらい生きることができるか分かりません。医師に問うと、「これが危篤状態です。いつ何が起こっても不思議ではありません」といいます。最後の覚悟です。「でもまだ息をしっかりしています」とのことです。

わたしは何ができるかを考えました。明くる日から病院へ行ってもすることがありません。毎日つれあいの食事を持って行き、いっしょに食べていましたから、食事の用意をしながら話もできました。しかし、意識のない人には何もできません。「耳は最期まで聞こえますから」といわれましたが、話しても一方通行です。昨日から今日に起こった報告をしても返事がないので、あっという間に終わってしまいます。なす術がありません。何をしていいか、ほんとうに困りました。

友人に精神科医がいて、その人に何をしたらいいか聞きました。彼は緩和ケアもしている人です。彼からも「最期まで耳は聞こえるから、感謝の言葉と思い出話をしてください」というアドバイスをもらいました。

早速、明くる日から試しました。感謝の言葉は意識のあるときにいったからもういいと思い、思い出話の出逢いから話そうとしました。しかし、話し始めてすぐに泣けてきてできなくなり、思い出話は無理だと分かりました。

そこで考えたのが、本を読むことです。前年に出版したつれあいの本（『浄土真宗に還る』）を読むことに決めました。原稿の段階で読んでいましたが、本になってからは読んでいなかったので、何度読んでもいいだろうと思いました。声に出して読むのは初めてでしたが、これは案外長く続き、長い時間を病室にいることができました。読み疲れてくると、「また明日」といって帰ります。亡くなる日も「また明日」といって帰りました。しかし、「また明日」の、その「明日」は来ませんでした。

わたしはつれあいと元気なときに「死」について話し合ってきました。「死」のこと、死後の葬儀のこと、お骨のことなど、何のこだわりもなく話し合えました。また、どちらが先に逝っても死の直前に枕元にいないかも知れません。そのこともお互い了解済みでした。「独生独死」だとつれあいもいっていましたし、わたしの恩師である信楽峻麿《しがらきたかまろ》先生もよく口にされていました。

つれあいの最期に病院のベッドの傍らにいたのは、わたしひとりでしたが、たまたまいることができたと思います。夜の静けさのなかで、ひとり逝くのだと思い、「独死」を実感しました。

呼吸ができなくなっていくとき、ナースコールで看護師を呼び、医師がきました。医師はつれあいの目を見開いてみて、聴診器をあて、その後、白衣のポケットから時計を取り出しました。「9時5分、ご臨終です」の声は小さかったです。医師と看護師が病室を出て行き、しばらくひとりにさせてもらえました。いつかはくると覚悟はしていましたが、「ほんとうにきた」と思いました。
「死体の前に立つ仕事をしてきた」ホスピスケアの臨床医である徳永進は、次のように書いています。

死体にはある種の親しみを覚える。なぜなんだろうかと考える。「ごくろうさーん」という言葉が死体には似合うと思えるからか。ぼくらは死体を一つ、自分の中に抱えている。その死体がほんとの死体を見た時に共鳴して、親しみを覚えるのかも知れない。いや、あらゆる死体に共通している、例の無抵抗という態度に、敬意を覚えるからなのかも知れない。(『死の文化を豊かに』ちくま文庫)

つれあいの死を前に、この言葉ほどわたしにピッタリくる言葉はないと思いました。「ご苦労さま」「お疲れさま」といいたかったのです。また、意識不明になったつれあいはわたしからの一方通行であり、そのしんどさから解放され、「親しみ」を感じました。そして、まったく無抵抗の、動かなくなり息をしなくなったつれあいに、「敬意」とはいえませんが、それに似た感情がわいてきました。「死」の現実が、わたしの前に突きつけられた瞬間でした。

つれあいの死の直後

さて、次は何をしたらいいのかと思っているところへ看護師がきて、器械などを片づけ始めました。わたしは知らせるべき人に電話をかけました。看護師は「体をふいて、もって来ているものを着せましょう」といってくれました。つれあいも得度をしていたので、白衣《はくえ》を着るのが当然であり、白衣と白帯を用意していました。看護師は「白衣を着せたことがないからいっしょにしてください」といわれ、体をふき、白衣を着せました。

まったく動かなくなった体を丁寧にふき、おむつを取ったら黒い小さいウンチが2個ありました。意識があり家で失敗したとき、わたしはつれあいに「おむつを着けてほしい」といいましたが、かたくなに断りました。プライドが許さなかったのでしょう。

しかし、意識がなくなってしまえば、おむつは当然のことでした。その前からも動きが鈍くトイレに行くことが困難になったときからおむつを着けることになりました。看護師のいうことには素直にならざるを得ませんでした。

亡くなるときに黒いウンチとは聞いていましたが、そのとおりでした。ものを食べなくなった日が9日間ありましたが、ウンチが出ることに驚きました。亡くなる前にもウンチをしているので、看護師に聞きました。「食べていないのにどうしてウンチが出るんですか」と。「腸壁がはがれていくんです」と教えてくれました。

新しいおむつをして、白衣を着せました。白帯が長すぎて、すべてを巻くことはできませんでした。すぐに看護師にはさみを借り、白帯を途中で切りました。やせてしまったお腹に二重に巻くのが精一杯でした。「腸壁がはがれる」意味がよく分かりました。お腹だけは極端にやせて落ち込んでいました。

看護師といっしょに体をふき、白衣を着せることができたことは、ほんとうによかったと思っています。「いろんな人が亡くなられると思うけど、どんなものを着せるのが多いですか」と聞いたら、「今はパジャマのままで葬儀屋さんへ運ばれたり、自宅へ帰られます」ということでした。

わたしの友人藤岡有希子（仮名、1943年生まれ）さんは夫の死を自宅で看取りました。死後着せるものを用意していなかったといいます。看護師にいわれ、急に用意することになり、あわてたということです。

着物を着せようと姉からいわれ、どの着物にしようか迷ったそうです。「タンスを開けて、目の前にみえるもっとも高い大島紬はやめようと思った」といいます。「次にウールの着物にしようと思ったけれど、同じウールの着物が二枚あり、高いほうに決めた」そうです。この話をしていて、彼女は「もう一枚の安いほうでよかった。もったいないことをした」といいました。そのときの彼女の心の動きがおもしろいです。話を聞きながら、ふたりとも大笑いでした。

生きているあいだに本人が用意できたら、周りの人もあわてることはありません。いずれだれもが亡くなるわけですから、死後に着たいものを用意しておいてもいいのではないでしょうか。自分の人生が終わるときに着たいものを、元気なときに考えることは、自分の人生を振り返る意味もあるでしょう。実際に用意してもまったくかまいませんし、そのことを家族に知らせておいてもいいと思います。

突然死の場合でも、家族は亡くなった人の言葉を思い出し用意してくれるでしょう。年老いた人でも、成人式に着た振り袖を着たい人がいてもいいでしょう。華やかな着物で棺に入れてもらえば、周りの人は驚くかも知れませんが、非難されることはないですし、その人の葬式が忘れえない一コマとなるでしょう。野球が好きだった人が野球のユニホームを着てもいいと思います。「白鳥の湖」を踊りたかった人なら、バレエダンサーのコスチュームでもいいでしょう。

その人それぞれの人生を振り返りながら、棺に入るときの着るものを用意するのは、けっして縁起の悪いことではありません。むしろそのほうが遺されるものも安心しますし、本人が納得して逝くことができます。わたしは、得度しているので白衣と決めています。

過労死やいじめによる自死がニュースで繰り返されています。自死は残されたものの辛さを一層厳しくします。

「あの日から私の時は止まり、未来も希望も失われてしまいました。息をするのも苦しい毎日でした。朝目覚めたら全て夢であってほしいと、いまも思い続けています。（中略）私の本当の望みは娘が生きていてくれることです」（「朝日新聞」２０１６年12月25日）との、過労死をした24歳の娘の母親の手記は、娘を亡くしてから1年が経ってのものです。1年経ってもなお、まだ「未来も希望も失われて」しまったままです。

34歳で過労死をした男性の母親の手記も「十数年ぶりに地元勤務になって、休日は家族や友人と過ごすことを楽しみにしていました。けれども、日々の残業に加えて土日の出勤も続き、振替休日を一日も取れないままに「誰とも会えてない!!」と書き残して息子は逝ってしまいました。何故《なぜ》このような長時間労働を強いられ、心身追い詰められて死んだのか、何故人間らしい働き方・暮らしができなかったのか、（中略）母は今も心が疼《うず》きます」（「朝日新聞」２０１７年2月17日）と、息子を2年前に亡くしてもなお「心が疼く」母の姿があります。

残されたものの願いは、こういう死が繰り返されないことです。どんな社会になってほしいかは自ずと分かります。そういう社会ではない現実を知り、安心して生きる社会に変えていかねばならないと痛感します。

その意味で、私の友人の島桃子（仮名、1950年生まれ）さんは「ガンは病気のエリートだ」と以前からいっています。死について用意する期間があるからです。本人にとっても周りの人にとってもこれは貴重な時間です。ガンでも告知から時をおかずに亡くなる場合もあると聞きますが、多くは何らかの時間があるでしょう。

わたしもつれあいがガンで亡くなってよかったと思います。遺されていくわたしにとって、最初の「あと3～6か月の命」の宣告から始まって、何度かの覚悟を決める出来事（4月の緊急入院、10月の痙攣をおこして意識不明になったときの入院、最後の意識がなくなったとき）はありましたが、心の準備期間は確実にありました。

つれあいは、自らの死は苦だったでしょうが、乗り越えていたと思います。つれあい自身が得度をし、仏教のことをずっと考えてきた人でした。ふたりで仏教のこと、親鸞のことをずいぶん話してきました。

あるとき、病室の外で、看護師がわたしにいいました。「死について、ぼくは他の人と違うと思う、といわれましたが、それ以上聞くことができませんでした」と。そのまま受け入れるといっていたので、そのことをいいたかったのではないでしょうか。つれあいの死は、わたしにとって「愛別離苦」ですが、そのまま受け入れるしかありません。

死者に対して何ができるのか

つれあいの着替えが終わった後、だれも入ってこなくてよかったと安心するわたしがいました。そのとき思い出したのが、わたしが高校3年生のときに曾祖母が亡くなったときのことです。1960年代の島根の田舎では、どこかの家のだれかが亡くなったら、すぐに組《くみ》に知らせる習慣がありました。組とは、近隣の何軒かが集まり、葬式や祭のときにいっしょにやる組織のことをいいます。だから、だれかが亡くなるとすぐに他人が家に入ってきていたのです。

寺でしたからなおさら門徒の世話人が入り、葬儀の一切を取り仕切り、三度三度の食事も女性たちが用意していました。食事の用意は、遺族は穢《けが》れているから火を使わないという考えからきていると思います。遺族が食べる食器は完全に別でした。

曾祖母が亡くなり、近所の、母よりも年上の女性が曾祖母の体をふいたり、着替えを手伝ってくれたそうです。白衣を用意していた母が、それを女性たちといっしょに着せようとしたら、ひとりの女性がいったそうです。3月5日に亡くなりましたので、田舎はまだまだ寒い時期でした。「奥さん、肌着と着物一枚じゃ寒いですよ」と。母はいつの時期に亡くなろうと、それで充分と考えていましたが、年上の女性の言葉に「ケチっていると思われたくない」と思い、別の着物も用意したそうです。

当時40代の母が、近所の年配の女性に逆らうことはできなかったのです。浄土真宗に生きる母の考えをその場でいうことはできませんでした。世間に生きさせられた母が悔しい思いをしたのです。そのことを何遍かわたしたちに話しました。「わたしが亡くなってもお父さんが亡くなっても、他人が入る前に着替えさせること。真冬でも白衣一枚で充分。できたら納棺もすませたほうがいい」と。

年配の女性にとって悪気はなかったと思いますし、「死」の捉え方が母と違っていたのです。女性にとっては、この寒いときにあの土の中へ埋められるという、「生」との続きで「死」を捉えることしかできなかったと思います。

「死」はこの世との別れであり、この世の続きに「死」があるのではありません。その意味で、「死」とは厳粛な辛い事実をわたしたちの前に突きつけてきます。それをどのように受け止めるかは、生きているときにしかできませんし、わたしは大切なことだと考えます。

逝く人との別れ

どんなケースにしろ、遺体の側にいる人は、そのことを関係者に知らせなければなりません。そのとき、死者を中心に知らせる場合と死者の傍らにいる人を中心に知らせる場合とがあります。わたしも知らせるべき人に電話をしました。昔と違って、今は携帯です。つれあいが亡くなったのは夜9時5分でしたから、だれにかけても迷惑になる時間ではありません。

わたしの島根の実家には96歳になる母と弟家族がいます。だれが先に逝くか分かりませんが、実家でだれかが夜中に亡くなった場合、車を持たないわたしは動きようがありません。だから、朝になってから知らせてほしいと約束をしています。前もって分かる場合は、駆けつけることができますが、夜、突然亡くなる場合、知らせてもらっても何もできず、亡くなったことを思い続け、眠ることさえできないでしょう。

父が30年前に亡くなりましたが、朝でしたので報せがありました。「これから帰る」といったら、母が「今日の仕事を終えて帰ったらいい。早く帰っても亡くなったお父さんには何もできないから…。あんたは生前きちんとお父さんと別れができているから、仕事をしてからでいい」といいました。わたしは驚きましたが、母のいうとおりにしました。

大学の非常勤の仕事をしていたので、いつもと変わらないように授業をおこない、授業が終わったその足で島根の実家に向かいました。到着したのは、夜でした。すでに多くの人が集まっていました。なかに、わたしの姿をみて、「今頃帰ってくるとは何ごとだ。ひとり娘だろうに」という人がいました。その言葉を聞いた母が、「この娘はすでに父親と別れができていますから、仕事をしてから帰ってきなさい、とわたしがいったのです」と防波堤になってくれました。そのときの母の姿は凛としていてかっこよかったです。

そのときに思ったことがあります。生前にきちんと別れができることは大切なことだ、と。父が亡くなったのは5月15日ですが、直前の連休に帰省することができました。病院へ毎日行き、父が長く生きられないことが分かりました。

連休が明日で終わる夜、わたしは病院へ酒をもって行きました。少しでも口にできたらいいと思いましたが、父はいらないといいました。それでもタバコだけは吸いたがったので、わたしがいる間に車いすでタバコを吸うところまで押していきました。

「あれだけ酒が好きだったのに」と、ひとりでに涙がこぼれました。あくる日京都へ帰るときに病院へ寄りました。「お父さん、今日京都へ帰るから、この世では今日が最後」

といいましたら、両手で合掌がしたかったようですが、一方の手は点滴がされていたので、片手を胸の前へ置いて、頷きながら「お浄土で」といいました。そのときわたしも頷きましたが、ほんとうに浄土で父に再び会えるとは信じていませんでした。それが、生きているときの最期になりました。意識があり、言葉を発することができたのは、ほんとうによかったと思っています。

寺の娘に生まれ、父が浄土真宗の教えに生きていたからできたことだと思います。一般の家庭ではなかなかむずかしいことかも知れませんが、感謝の気持ちにしろ、たとえ恨みつらみであっても、生きているときにいわなければ、伝わりません。返したい言葉があろうとも、意識があるときに話しかけなければ、一方的になってしまいます。

わたしが大学院で親鸞を学びたいといった頃から、わたしのやることなすことが気に入らなかった父にとって、わたしは世間でいう親不孝な娘でした。浄土真宗の寺で生まれたわたしが、「親鸞を学びたい」といえば喜んでくれるはずだと思い込んだのは、甘かったようです。

父は大学院へ行くことに大反対でした。理由は「女の子が大学院まで行ったら幸せになれない」というのです。そのわけは、「結婚ができないから…。男は大学院へ行った女の子を選ばない」という意味です。傍らにいた母に尋ねると黙っています。性別役割分業観そのものの父と、夫に逆らえない母の姿がそこにありました。「学費を出さない」という父が、「弟なら喜んで行かせてやるのに…」といった言葉は今でも忘れません。

そんな親不孝な娘が結婚する相手が寺の長男であることを知って、父は喜びました。しかし、その結婚は続かず別居生活をすることになり、結局は離婚することになりました。いずれ離婚すると分かったときに、親不孝なわたしは父が喜ぶことをひとつぐらいはしたいと思いました。「わたしが何をしたらうれしい?」と聞いたら、「得度」と返ってきました。意外でした。わたしは得度するなんて思ってもいなかったですし、僧侶の資格をとることは、実は嫌でした。法務にかかわることなどないと思っていたからです。しかし、ひとつぐらいは父の喜ぶことをしたいと、得度を思い立ったのです。

僧侶になるための西山別院での10日間の生活は苦痛でした。お経は上手くできませんし、講義は伝統的な話ばかりで、直接反発はできませんし、ストレスになっていました。それでも10日間を我慢することで、わたしは僧侶になり、法名（浄土真宗では法名というが、一般的には戒名）を自分でつけることができました。

「淳子」は父がつけてくれましたが、わたしは当時「香り」という言葉が好きで、いろいろなとくにいい香りのするものが好きでした。そこで、「香淳」という法名をつけました。70歳になった今なら「香淳」とはつけないことはいうまでもありません。後に、昭和天皇の皇后が亡くなったとき、「香淳皇后」となり、わたしの法名を知っている人には、「わたしが先、あっちがあと」と何回もいったものです。

得度してよかったことは特別にはありませんし、寺での僧侶の生活をしているわけでもありませんが、いざという公のとき、白衣《はくえ》・布袍《ふほう》（白衣の上に着る黒の法衣）・輪袈裟《わげさ》で参列や出席ができることとです。実際父の葬儀も甥の結婚式もそれですみました。着物より簡単ですし、なによりも自分ひとりで着ることができます。

逝く人の和解——自分自身との和解

既述した緩和ケア臨床医の徳永進は、「死を前にして大切なことは、身体の痛みや症状がうまくコントロールされていることと心のわだかまりが融解していること」（『詩と死をむすぶもの』朝日新書、以下引用は同書）だといいます。続けて「自分が赦されている、赦し、赦されている、と感じる中で死を迎えることができると、やすらかな死を迎えやすい」そうです。それは逆にいえば、「恨みの刺の中で死を迎えなければならないと感じる時、やすらかな死となりにくい。生きている時も心のわだかまりはあるけれど、死を前にすると、そのわだかまりがくっきりと浮かんでくる」ということです。

だから「タンポポ綿毛で心が守られているなら、死に向かう人も、その死を見ている人も、ホッと安堵する。包み込まれている、その現象に辿り着く過程を漢語で「和解」と呼ぶらしい」と述べます。実際の患者さんで会いたがっていた息子に会えないまま亡くなった場合、「自分の思いを伝えられなかった無念さが、患者さんの顔に、そして病室に、漂っているように思えた」と記しています。

その「和解」は三つあるといいます。一つは家族や友人との和解、二つ目は神や宇宙との和解、三つ目は自分自身との和解。徳永は、そのなかで、「最終的には、誰もが自分との和解ができるかどうか、が問われているだろうと思う。人生はそこにかかっている」といいます。

徳永の問題提起は、大きな課題です。死の宣告を受けるまで、そんなことは考えないのが一般的でしょう。つれあいが自身の余命告知を聞いてから、彼がどのように自分との和解をして逝ったのか、すべてを語ったとは思えないから分かりません。しかし、彼には彼なりの死の受け止め方があり、それは親鸞の受け止め方に通じるものだと思います。傍らにいたわたしが、つれあいは安らかな死を迎えたと思うからです。

入退院を繰り返すなかで、自宅にいるときでしたので、小康状態を保っているときのことです。「自分の死をどう考えているか教えてほしい」と、つれあいに尋ねました。つれあいは「そのときはそのまま受けるしかない」と答えました。それ以上は何もいいませんでした。それでも、わたしには「なごりおしくおもへども、娑婆の縁つきて、ちからなくしておはるときに、かの土へはまひるべきなり」（『歎異抄』第九条）そのままの考えだと領解しました。

つれあいが亡くなったあと、自宅の机の引き出しにノートがあり、それには「往生」の題で、構想が綴られていました。自らの死と向き合い、「往生」について書きたかったことが分かります。

目次の前に文章が半ページにわたって書かれています。「はしがき」「はじめに」のつもりでしょうか。その出だしが「肺ガンで二度目に入院してから5日目の朝にいよいよ死ぬのだなと覚った。（中略）JR木津駅に隣接する病院の6階で、わたしはようやく死を覚ったように思えたのである」となっており、この原稿を書きながら、やっと読むことができました。

あとはノートの半分ぐらいまで、親鸞や法然の引用文や図式が書かれています。ページをめくりながら、改めて涙するしかありません。

前立腺ガンになってから毎日のようにパソコンに日記をつけていた人です。肺ガンになった今回もパソコンに向かっていました。体調のいいときは入院時にもパソコンに向かっていました。そのパソコンをいまだにわたしは開けることができません。

亡くなるときに安らかな死を迎えるということは、別の言葉でいえば、「心残り」がないようにすることでしょう。亡くなる人も送る人も「心残り」をなくすのは、むずかしいことです。友人の何人かが夫を見送り、「心残り」の話をしてくれました。残った人が「心残り」がないようにするには、どうすればいいのでしょうか。

逝く人の和解——家族・友人との和解

徳永の『詩と死をむすぶもの』のなかには、具体的な例として家族との和解が載っています。臨床医であることによって、間近にみてきた内容は、家族がいかに和解した関係で生きることが困難かを物語っています。死の間際になったからこそ、本人が家族との和解を望み、徳永や看護師が奔走するのです。うまく和解できた例もあればそうではない場合もあり、外からはみえない不和の関係で生きている家族がいることが分かります。

夫婦・親子・きょうだい関係などの家族の関係つくりがいかに困難かは、実際の状況やいろいろな人の話や本などで学ぶことができます。

まずは、夫婦関係です。夫婦が対等でお互い自立した関係を築くことが、戦後あたりまえのように考えられていますが、わたしの過去の結婚の体験からみても簡単ではありません。わたしの場合、わたしが自立して対等な関係を築こうとしなかったからです。自らが下に位置し、夫が上にいる関係をわたしがよしとしていました。

専業主婦になることを選んだのは、わたしであり、夫を生き甲斐として関係をつくろうとしたのです。いわゆる自尊感情の低い、夫のために生きるわたしは自分らしい人生を歩もうとしていませんでした。その関係に気づくことができたのが、わたしにとっての新たな学びであるフェミニズムとの出逢いです。

フェミニズムとは女性解放思想・運動をいいます。フェミニズムはわたしの人生を変えたのです。夫の下位に自らをおき、夫のために生きる、まさにジェンダー（社会的文化的につくられた性差をいい、女らしさや男らしさをつくり内面化していくもの）そのものの生き方を実践していたのです。そういう生き方が問題であると気づかせてくれたのが、フェミニズムでした。自立し、わがままや自己中心ではなく、自らを大切にする生き方を学ぶことは、社会にある女性差別を学ぶことであり、人権侵害のない社会をめざすことなのです。

夫婦の関係に暴力が入るドメスティック・バイオレンス（ＤＶ）が90年代になって初め

て可視化されましたが、その苦しみのなかにいる人は非常に多い状況です。２０１５年度、配偶者（事実婚や別居中の夫婦、元配偶者も含む）の女性の被害は23・7％、男性の被害は16・6％を示しています。

夫婦の間にDVがある関係は、自立していて対等であるはずがありません。加害者は往々にして加害の意識がありませんから、DVがある夫婦がどちらかが亡くなる直前になって、はたして和解ができるのでしょうか。生きている間にそれぞれの道を歩む方が賢明かも知れません。しかし、離婚もできないで夫婦を続け、どちらかが先に亡くなる可能性だって、人生にはあります。そういう場合の和解ははたしてできるのでしょうか。

親子だって、いい関係の親子ばかりではありません。わたしも父との関係はよくありませんでした。それにあわせるように、母との関係もよくありませんでした。しかし、父が亡くなることで母は大きく変わりました。わたしは、フェミニズムに出逢ったことで人生を大きく変えましたが、母の人生も変わってほしかったです。自分の考えを持っているにもかかわらず、父にあわせて生きている母にもっと自由に生きてほしかったのです。わたしが離婚によって得たものを母にも得てほしかったです。

母は、父との上下関係に気がついていないのです。DVをふるう父ではありませんでしたが、大正年間に生まれた父母の意識は、父が上で母が下という関係が当然のごとくにありました。『教育勅語』の「夫婦相和シ」の関係を習得したふたりが下に位置する母が上に位置する父に従うのは当然だったかも知れません。その関係によって夫婦が和の関係で、外からはいい夫婦と思われていたのです。

母に会うときはいつも、また電話でも何度も「自分らしく生きてほしい。もっと自由に自分の考えを出してほしい」と伝えました。しかし、母は「娘のあんたにいわれたくない」と拒み、「娘には分からない夫婦の関係がある」というだけでした。それが、父の死後、１８０度変化をみせました。「お父さんから解放された。自由になった。あんたがいっていたことはこういうことだったのね」と。60歳代後半ではありましたが、「こんな人生が待っているとは思わなかった」と、母らしい人生を送るようになり、それまでわたしが書いた本を送っても読みもしなかった母が手に取るようになりました。

わたしは夫が生きている間に気がつき、母は夫の死後に気がつきました。母の言葉で印象的だったのは、「結婚したらよい妻として、あんたたちが生まれたらよい母として生きることが、毛の穴から入るように入っていた」と。「毛の穴から入る」とは、その意識が気づかずに浸透してしまい、内面化してしまうという意味です。まさにジェンダーの内面化です。

わたしは戦後生まれで男女平等教育を受けていたにもかかわらず、結婚後に性別役割分業そのままを認める専業主婦になり、夫の下の位置に自らが降りてしまい、上下関係の夫婦関係をつくってきました。気がついたのは、フェミニズムに出逢ってからです。「よい妻」を演じていたわたしが180度変わりました。そのことを夫は理解できませんでした。専業主婦が離婚することは、食べていけないことでした。わたしは離婚の道を選べましたが、夫婦が和解することはほんとうに困難です。

逝く人の和解——神や宇宙との和解

『詩と死をむすぶもの』は、徳永進と詩人谷川俊太郎の往復書簡です。「和解」をテーマに3通りの和解を提示した徳永への返事に、谷川俊太郎は次のように応答しています。

「詩の中でも日常会話でも神という言葉は若いころからよく使っていましたが、ぼくの「神」は日本古来のアニミズムや子どものころから読んでいるギリシャ・ローマ神話の神々、伯父伯母の家にあった仏壇に象徴される仏さま、近所の氏神さま、それに幼稚園で習ったキリスト教の神等々、いろんな神がごっちゃになっているのです。いまではそんな種々雑多な神と呼ばれる何かは、みな同じものだと考えるほうがいいんじゃないかと思っています。（中略）神と呼ばれるものは、ビッグバンでこの世界を始めた目に見えない無限のエネルギーだと考えたい、というのがいまのぼくの立場です。宇宙に満ち満ちているそういうエネルギーと一体化したい。死ぬということもまた、一体化するための一過程ではないか、死を忌まず厭わず穏やかに受け入れられたら、それが神や宇宙との和解ということになるのでしょうか」と記しています。

長い引用になりましたが、日本人の宗教観をみごとに表していると思います。「ギリシャ・ローマ神話」まで出てくる種々の神を同じものと捉え、そういう目に見えない無限のエネルギーと一体化し、死を「忌まず厭わず穏やかに受け入れ」たいという願望を示しています。

12月31日に寺院の除夜の鐘を聞き、何時間も経たない正月1月1日に神社へ初詣をする日本人の宗教観が、詩人の上にも形成されています。春秋の彼岸とお盆にはお寺や墓参りをし、バレンタインデーやクリスマスはキリスト教の行事に参加し、秋の氏神祭には御輿を担ぐ。便所やかまどの神などの八百万の神に手を合わせる日本人の宗教観を「目に見えない無限のエネルギー」と捉え、その一体化によって「和解」が成立するというのです。谷川のような宗教観によって「和解」が成立する場合もあるのでしょうが、信仰を持つ人はまた違うと思います。わたしの恩師信楽峻麿先生は浄土真宗の教えに生きた人です。

宇宙・世界における無常の原理と、私たちの変わらないであってほしいという願望とは、まったく矛盾し、対立するわけです。ここに私たちの苦悩が生起する原因があるわけで、（中略）この世の一切の存在は、すべてが無常にして変化してやまないものであるという事実について、深く「めざめ」、覚醒せよと、教えるわけです。（中略）生あるものはついには死に帰していくという現実を、無条件に承認することであり、（中略）釈尊が説かれた、仏教が明かすところの死を克服する方法とは、そういう生き方をいうわけです。（『歎異抄講義Ⅰ』法蔵館）

信楽先生は、仏教の教えに基づき、「真宗念仏者は、死に臨んで、死後に何かがあると考えて、それをあてたよりにして死んでいくのではありません。（中略）今ここにして、真実なるもの、永遠なるものに出遇い、それを身にえているからこそ、何の不安もなく、前向きに死んでいけるのです」（同前）といいます。

わたしは、「神や宇宙との和解」をこのように捉えたいです。つれあいも信楽先生の本をよく読み、自分の本にも引用していました。つれあいも、このように死を受け止めて亡くなったと思います。わたしもそうありたいと願います。

3章　お葬式を考える

「天国の〇〇さん」「天国から見守ってほしい」ってどういう意味？

友人の藤岡さんの夫の葬儀に参列しました。「仏式でおこないます」との連絡を受けました。わたしはキリスト教式の葬儀に参列したことはありません。仏式がほとんどです。持参するものとして忘れてならないのは数珠だけです。司会が導師を紹介し、僧侶の入場となり、読経が始まりました。家族から焼香が始まり続いて参列者の焼香です。みているといろいろな焼香の仕方があり、なかには、前の人のすることをじっとみていて同じことをする人もいます。

焼香が終わって、友人代表の弔辞が読まれました。「天国の藤岡さん」から始まります。そして、「藤岡さん、天国から見守ってください」で終わりました。それは、有名人の葬儀でも、多くの人が死者に語りかけるとき、「天国の〇〇さん」になり、「天国から見守ってほしい」となります。

日本人の宗教観をみごとに表していますが、仏式でおこなわれるとき、死者は「天国」へは往きません。いつ頃からこの「天国」が使われるようになったかは、分かりません。社葬や有名人の葬儀が大規模でおこなわれるようになった高度経済成長期と重なり、弔辞が公の意味を持ち、テレビに放映されたりすると、とくに芸能人の葬儀は弔辞が語りかけのスタイルに変化したと思います。

「天国」という言葉が一般的に使用されるようになるのは、1960年代だと考えられます。1963年に映画『天国と地獄』が上映され、黒澤明監督、三船敏郎主演のこの映画は、各種の賞をとりました。この映画における「天国」はあの世のことを指していません。「地獄」と対極の意味でした。

また、1966年には森村桂が『天国にいちばん近い島』を出版しました。亡き父が語った夢の島は神さまに会える島であり、天国にいちばん近い島がニューカレドニアだと思った著者がニューカレドニアへ行きます。この本は、わたしも読みましたが、ニューカレドニアを初めて知り、遠い存在でしか捉えられませんでした。海外旅行なんて、夢のまた夢と思ったことを覚えています。

１９６７年にはザ・フォーク・クルセダーズの「帰って来たヨッパライ」が発売になりました。シングル盤で２８３万枚の売れ行きというのは、爆発的な売れ行きであり、何度聞いたか分からないぐらいいろいろな場所で聞いた記憶があります。最初のフレーズは左記のとおりです。

おらは死んじまっただ
おらは死んじまっただ
おらは死んじまっただ 天国に行っただ
（中略）
おらはよたよたと登り続けただ
やっと天国の門についただ

死んで天国に往くさまが歌われています。

とくに、これに続く歌詞で、繰り返される次のフレーズは忘れられません。

天国よいとこ一度はおいで
酒はうまいし
ねえちゃんはきれいだ
ワーワーワッワー

今から考えると、セクハラめいていますが、当時はそんなことなどまったく考えませんでした。この歌の「天国」によって、死んだ先にある場所という「天国」のイメージが定着したと思われます。そして、けっして悪いところではないというイメージも。

その「天国」を使って、1969年には「歩行者天国」が始まりました。始まりは北海道の旭川市の平和通りですが、その後あちこちで車両の通行を禁止し歩行者に開放される「歩行者天国」が登場しました。

こうした「天国」が使われることで、意味としては死んだ先の場所となり、弔辞が語りかけの形式になったときに、死者に向かって「天国の○○さん」「○○さん、天国から見守ってください」となったのではないでしょうか。

「天国」はキリスト教で使用されます。キリスト教式なら間違っていません。しかし、仏式では間違いです。その是正はなかなか困難ですが、間違いは直したほうがいいでしょう。弔辞で使われ、日常会話でも使われます。まずは、「天国」といわないのが一番です。「〇〇さん」と呼びかけるだけで充分だと思います。次にもしこの世の人ではなくなったと思うなら、「あの世の〇〇さん」といえばいいでしょう。

葬儀社の選択

だれかが亡くなれば、現在は葬儀社に頼まなければなりません。葬儀一式を依頼しなければ、どうにもならない時代になりました。わたしが子どものころ（高校生までなので1960年代）は、葬儀は地域でおこなわれ、葬儀社は存在しませんでした。檀家制度がきちんと機能していました。現在もなお檀家制度は機能していますが、葬儀社ができ、葬儀社に依頼しなければ葬儀ができなくなりました。

わたしが島根にいた頃、棺桶をつくる人がいて、座棺でした。高校3年のとき、曾祖母が亡くなり、体がまだ温かいうちに足の膝を折り、手を合わせる姿にされ、納棺されました。当時はすべて土葬でした。深く土を掘り、棺桶をゆっくり沈めていきます。そこへ土をかけていき、盛り土にしておき、その上に線香やろうそくを立てます。他の家では、ご飯などを供えていました。1年経つと、その盛り土が崩れていくのを大人たちが教えてくれました。「棺桶が腐れ、遺体は白骨になったのだ」と。そうなって初めて土を平らにして、墓石を建てたのです。死んで「土に還る」「自然に還る」ということはこういうことなのだと知りました。

そして、子どものころの夏の夕暮れにいわゆる「火の玉」をみて怖がり、友だちと必死になって家にかけて帰ったものです。それはリンが燃えることだと知ったのはもう少し大きくなってからでした。

現在は昔のような棺をつくる人がいません。葬儀社に頼むしかありません。そして、葬儀も自宅でするにしろ、自宅が無理で葬儀会場でするならなおさら、その一式を葬儀社に依頼しなければなりません。まずは遺体をどこに置くかから始まります。つれあいの遺体をふきながら、看護師が「葬儀社には連絡してありますか」と聞きました。わたしは「葬儀社には連絡しましたが、いつまで病院においてもらえるのですか」と尋ねました。「用意ができても、葬儀社が来るまでしばらくここにいていいですよ」という答えでした。わたしは地下の霊安室に移されるかと思って尋ねたのですが、この病室にいることができるので、ホッとしました。

葬儀社は、1時間ぐらいで迎えに行けるということでした。

つれあいがだんだん弱っていくとき、葬儀社を決め、打ち合わせをしなければならないと考えました。町や村によっては葬儀社が1か所しかないところもあります。迷う必要もなく、他と比べて選ぶことはできません。事前に会員となっている友人もいました。藤岡さんは会員になっていたので、夫を亡くしたとき、その葬儀社に連絡すればよかったということです。また別の友人の山野映子（仮名、1944年生まれ）さんは、夫を亡くしたとき、何も用意をしていなかったので、病院であわててインターネットで調べ、「家族葬」ができる、病院から近い葬儀社を選んで連絡しました。事前の打ち合わせは何もしていませんでした。

わたしは事前の打ち合わせは必要だと考えていたので、インターネットで調べましたが、わたしが住んでいる木津川市（人口7万5000人あまり）でも葬儀社は5社以上もあります。高齢化社会で必要とされていますし、多いと感じました。

つれあいとわたしの話し合いで、葬儀はしない、つまり直葬のかたちですることになっていました。つれあいはほんとうに送ってもらいたい人に来てもらえばいいと考えていました。つれあいが来てほしいといったのはほんの少数でした。

そのなかにふたりの僧侶の友人がいました。彼らは長年の友人であり、『正信偈』（親鸞の『教行信証』「行巻」にある偈頌《げじゅ》）をあげてほしいとつれあいが直接頼んだのです。余命宣告を受けてから2か月ぐらい経ち、家まで見舞いに来てくれたときです。その話はわたしも傍らで聞いていました。友人は快く約束してくれたのです。

インターネットで、まずは直葬の値段、場所を確認します。車をもたないわたしがタクシーで帰ることができる範囲であること、他社と比較して高くないことの条件と照らしながら、2社を選びました。2社それぞれに電話をして具体的な内容を尋ねました。2社にあまり差がなかったので、価格で決めました。

18万8０００円と16万円（会員価格）の違いで、安い方に決定しました。会員になることで16万円（税抜き）でできます。会員になるための会費はいらないといわれました。事前に会員になっていた藤岡さんは葬儀社と契約し、5年前から年1万2０００円を支払ってきたといいます。特典は会場費がタダになること。葬儀料から払ってきた金額が差し引かれるということです。葬儀社の数が増え競争となっている現在では、会員になることが葬儀の数日前でもできるのです。

葬儀社との打ち合わせ

葬儀社を決めると、パンフレットが送られてきます。そのパンフレットをみながら葬儀社と電話で打ち合わせをしました。その葬儀社の直葬は「シンプル会館葬」となっていて、16万円のなかに、桐棺、仏衣、ドライアイス、遺影写真、枕飾りセット、骨壺・位牌セット、寝台車が含まれています。

以下は葬儀社とわたしのやりとりです。

源　「仏衣とありますが、こちらで白衣を用意しています。「ブツイ」とは聞いたことがありません。「ハクエ」といっていますが、それはいりません」

葬儀社の担当者　「「ハクエ」というんですか。それでは、湯灌はされないでしょうか。湯灌をされて着替えてもらうには、納棺師がするのですが…」

源　「病院で体をふいてくれて白衣に着替えることができますので、湯灌は必要ありません。そちらでもう一度着替えさせていただくことは必要ないです。納棺師もいりません。白衣のままで納棺してもらったらいいです。それから、遺影写真はいりません。本人がいらないといっていましたので」

担当者「はアー？　写真はないんですか？」

源「はい。本人の写真がないわけではありませんが、使わないということです。骨壺・位牌セットはわたしはいりませんが、参列する人のなかに必要だと思う人がいたら、用意してください」

担当者「えっ、お宅さまは収骨をされないということでしょうか？」

源「そういうことです」

担当者「はアー!?」

こんな話は初めてだったのでしょう。最後には、「勉強になりました」といわれ、わたしのほうが恐縮しました。わたしにとっては、生前につれあいと話し合い、その思いがかなうように葬儀社に伝えただけです。

葬儀が終わったあとに文句をいったり愚痴ったりするのを避けるには、最初の打ち合わせが肝心です。亡くなったあと、病院は何をしてくれるのかをナースステーションへ聞きにいったとき、看護師のなかには、「まだ亡くなっていないのに、そんなことを聞くの」

といった人がいました。亡くなる前だから聞いておかねばならないのです。つれあいがほんとうに望むことができるためにも、わたしが納得するためにも、聞いておかねばならないことがあります。それは、亡くなっていく人を大事と思うからであって、けっして粗末にしたり、世間でいう「縁起でもない」ことをしているわけではないのです。

これは、自宅で亡くなる場合も同様でしょう。最期の診断を医師がしてくれますし、看護師が体をふいてくれるのは同じです。着替えを用意し、そのときに着替えをすることができたら、そのうえに湯灌をしてもらう必要も再度の着替えも不必要です。

わたしが頼んだ葬儀社の「家族葬」をみたら、葬儀プランとして7種類がありました。会員価格として35万円から、46万5７００円、69万円、79万円、89万円、１０９万円と続き、もっとも高くて１１９万円まで用意されていました。

さて、これを提示されて多くの人はどれを選ぶでしょうか。一番安い35万円は選ばないだろうと予想されます。『おくりびと』という映画のなかでは、棺が「松・竹・梅」と用意されていました。しかし、当事者は梅を選びませんでした。

一番安いものをどうして選ばないのでしょうか。葬儀以外では、なるべく安いものを選んでも何も問題がないのに、葬儀に関しては、人はどうして一番安いものを選ばないのでしょうか。そこを葬儀社も知っていますし、映画も人の心を映していました。その心理とは、亡くなった人に対する心情でしょうか。亡くなった人に対して申し訳ないと思う気持ちでしょうか。または、葬儀を主催する人の「見栄」でしょうか。

一番安いものを選ばない人の心が葬儀に関しては存在します。なぜかと問うことが大切ですし、必要だと思います。終わった後に「葬儀社に取られた」という愚痴や不満を抱かないためにも、なぜ一番安いものを選ばないのかを自らに問うことから始めたいと思います。

友人の藤岡さんは60万円の家族葬を予定していたのに、終わってみれば、200万円近くになっていたといいます。葬儀社が次から次へ提示することに対して、「ノー」がいえなくなったのです。

藤岡さん自身が対応していたら、「ノー」といえたはずですが、彼女が体調を崩したため、息子さんに一切を頼んでしまった結果です。息子さんは父親に対する気持ちから、「ノー」といえなくなったのでしょう。または、父親が生きている間に死後の話をしていなかったのでしょう。父親の気持ちを知らないまま、世間の道を選んだのでしょうか。

病院や自宅から葬儀会場へ（病院から自宅へ）

葬儀社との打ち合わせのなかに、遺体をどこに運ぶかの問題があります。病院で亡くなることが多いですが、自宅に帰る場合と直接葬儀会場へ運んでもらう場合があります。また、自宅で亡くなっても自宅で葬儀をしない場合は、葬儀会場へ運んでもらわなければなりません。さらに直葬の場合には、病院や自宅から葬儀会場を経ないで、火葬場へ直行する場合もあります。遺体をいつ運んでもらうかの打ち合わせ、葬儀のやり方、見積書をもらうことも含まれます。それらの順序は亡くなった時間、主催者と葬儀社の時間の都合などで多少違ってくると思いますが、しなければならないことはどこでも同じです。

わたしの経験では遺体の着替えが終わり、病室を明け渡す準備ができたら、病院にとってはいつでもいいのです。つれあいが亡くなった病院は、葬儀社が迎えに来るまで病室にいることができました。病院によっては、霊安室に移されるかも知れません。

遺体の着替えが終わり、わたしは病室を片づけました。やはり、病院からの連絡を受けたときに冷静ではなかったことが分かりました。

病室に残ったものを持ち帰るためのかばんを持って行くのを忘れていました。小さな箱がひとつあったので、細々したものを入れ、あとどうしても持って帰らなければいけないものを入れるために病院のゴミ袋を一枚いただきました。それに入るものしか残していませんでした。つれあいの弟夫婦がその二つを車に乗せ、家まで運んでくれましたが、自分ひとりででもタクシーで帰ることができる量でした。

つれあいの容体が医師の話からだいたい分かってきます。長くないことを知ることになり、辛い話ですが、どうしようもありません。つれあいの命は必ず終わりが来ます。この世との別れであり、わたしとの別れです。

意識がなくなってから、わたしは病院から帰るとき、もう絶対に使わないもの、使えないもの、例えば、スリッパ、リハビリ用の靴、メガネ、フォークやナイフなどの食器類などを少しずつ家に持ち帰りました。ひとつずつ選びながら持って帰ることは、ほんとうに辛いものでした。もう二度と使うことがないと分かるからです。

携帯はそのまま置いていました。看護師さんに、短縮の①②③はいずれもわたしにしておいたので、緊急の場合は携帯でわたしを呼んでほしいとお願いしていました。しかし、家にいて、携帯が鳴るたびにドキッとすることになり、ストレスがたまりました。今の状況を知っている友人がわたしを心配してよく電話をかけてくれました。電話で話すことで助けられたことは大きかったです。友人と話すことで、わたしは救われていたのです。

携帯が鳴るたびのしんどさを看護師さんに何気なくいうと、いいアイデアを出してくれました。グループ別のところに新たにつれあいと病院を入れ、着信音を別にするという内容でした。さすが若い人です。そして、わたしの携帯を手に取り、簡単にやってくれました。その発想と結果により、わたしは携帯が鳴るたびにドキッとすることはなくなりました。ストレスがなくなったのはありがたいことでした。

そして、亡くなった夜の病院からの連絡は、携帯の新たな着信音でした。「血圧が測れなくなりました」といわれ、覚悟を決めて、病院へ向かおうとしましたが、バスはなく、タクシーも時間がかかるといわれました。吉武さんに電話をして、彼女のつれあいに連れて行ってもらうことにしました。

夜の7時半過ぎでした。わたしはすでに晩ご飯を終えていましたのでビールを飲んでいました。吉武さんのおつれあいももしかして飲んでいるかも知れないと思い、「おつれあいはお酒を飲んでいないの?」と聞きました。「飲んでいない、飲んでいないよ」と聞いて、ホッとしました。「すぐに行くから」の声は、どれだけありがたかったことでしょう。病院へは思っていた以上に早く到着しました。友人のありがたさは、ここでも感じました。

わたしひとりではできないことを、わたしの周りが助けてくれたのです。
その日も本を読んで帰ったのですが、この夜に亡くなるとは思いもしませんでした。また、明日が来ると思っていました。しかし、毎日、明日はないかも知れないという思いをしながら病室を離れていました。「明日」はほんとうに来ませんでした。

1時間半後に葬儀社の人が二人で迎えに来ました。白衣を着ていたので、驚きました。初めて会ったのです。丁寧に遺体を寝台車に運び、エレベーターから地下に置いてある葬儀社の車に移動してくれました。担当の看護師さんが最後まで見送ってくれました。看護師さんの仕事はほんとうに大変なことを身近にみて痛感しました。

看護師さんもいろいろです

わたしは、40代のとき20日間の入院の経験がありますが、そのときは、自分の体を支えるだけで精一杯で、看護師さんにどれだけお世話になったかをきちんと覚えていません。今回はつれあいの何度かの入院を体験したので、その期間も長いし、親しくなりいろいろな話もできました。いろいろな患者がいますし、看護師さんにとっていい患者ばかりではないはずです。つれあいだって看護師さんにとって楽な患者だったかどうか怪しいものです。自分勝手なところが出ていましたし、しんどさを訴えるのは看護師さんにでしたから嫌なときもあったことだと思います。

わたしは看護師さんもいろいろだと感じました。ほんとうに親身になって話を聞いてもらった看護師さんがいる一方で、何気ない言葉に傷ついたこともあります。

つれあいが意識不明になった日です。病院からの連絡で駆けつけましたが、わたしは何もすることがありません。ただ傍らにいるだけです。医師も看護師さんもときに看にきてくれますが、いつもいるわけではありません。担当医によれば、しっかり呼吸しているので、今すぐ何かが起こることはないとのことでした。

しばらくベッドの側にいましたが、わたしは家でしなければならないことを思い出しました。帰らなければならないと思いましたが、はたして帰っていいか迷いました。わたし自身のなかに、「帰ってはいけない」と叫ぶ声がありました。しかし、思い出した用事は絶対に外せません。他に家族がいないからしてくれる人はいません。わたしがしなければなりません。躊躇しましたが、ナースステーションへ聞きに行きました。

源　「家でどうしてもしなければならないことがあるので、帰ってもよろしいでしょうか」

看護師「心残りがないなら帰ってもらってもいいですよ」

源「心残りがないなんてことはありません。でも、それでも帰らなければなりません」

看護師「今もいいましたが、心残りがないなら帰ってもらってもいいです。あとは看護師が看ますから」

源「…それでは帰りますので、あとをよろしくお願いします」

わたしは落ち込みました。「帰るな」といわれたと思いましたが、わたしにはわたしの事情があります。病室に戻ると、ふたりの看護師さんがいました。恐る恐る「家に用事があるので、帰らせてもらいたいのですが…」といったら、ふたりが同時に「帰り。帰り。早う帰り。あとは大丈夫やから」といってもらえました。わたしは救われました。

看護師さんは仕事のなかで「死」に出遇うこともたびたびでしょう。そのことを家族と接しながら、どんなふうに感じ取っているのでしょうか。今回は若い人と接し、いろいろな話をして、女性が働くことを改めて考えさせられました。つれあいが入院した棟には、男性看護師さんはおらず女性だけでしたが、男性看護師さんが増えているとはいえ、まだまだ女性が多く、女性の職場です。

つれあいの担当の看護師さんが何人かいて、その人たちと話す機会も多くなりました。結婚し子どもを持って働いている人の話は興味深いものでした。家のことがなかなかできず、子どもとの時間がとれない人が多くいます。それでも子どもと一生懸命向き合おうとしている話には感動します。

看護師さんのなかの年長者は看護師長さんでした。つれあいもわたしもよく彼女と話しました。それだけよく病室へ顔をみせてもらったのです。何度目かの退院のとき、彼女はつれあいの車いすを押して、6階から1階の玄関先まで見送ってくれました。つれあいとわたしは感激し、彼女と一段と深い関係ができたように感じました。

つれあいの意識がなくなってからも病室で彼女とよく話しました。おつれあいのこと、ふたりの娘さんも看護師さんであることなど、最期まで聞こえるといわれるつれあいにもきっと聞こえたことでしょう。

病院内でずっと違和感があったのは、わたしへの呼び方です。入院するたびに、つれあいの連絡先として提出する用紙には、苗字が違うし、ふたりの関係は「同居人」です。それなのに「奥さん」です。最初から最後まで、わたしはつれあいの「奥さん」でした。ジェンダーを学んだわたしの意識には「奥さん」はありません。だからつれあいを「主人」ともいわないです。

しかし、「苗字で呼んでください」というのは、やめにしました。病院へ毎日食べ物や着替えを持って通うのは、年格好から娘や息子の妻ではないですから、「奥さん」に決まっています。わたしは、ここは世間にあわせて、波風が立つようなことはしないでおこうと決めました。

結婚して子どもを産んでも働く女性は、日本では多くはありません。第一子が生まれたときにやめる女性が6割もいる現状で、仕事と家庭を両立している看護師さんの仕事は夜勤もありますから大変です。夫の理解と協力がなければ、続けることはできません。看護師さんにはほんとうにお世話になりましたし、なかにはしんどいことを親身になって聞いてもらった人もいます。看護師さんも人それぞれです。

つれあいが亡くなった夜の勤務の看護師さんは、わたしが何度もナースコールをするので、その度に病室に来てくれました。つき添っているわたしが不安なので、その呼ぶ回数が頻繁になります。申し訳ないと思いながら、また他の患者さんもいるので、なるべく呼ばないでおきたいと思うのですが、初めて遭遇する状態についついボタンを押してしまいます。顔を見せてくれるその表情にわたしはどれだけ心強く思ったことでしょう。そして、嫌な顔をみせないで来てくれるので、仕事とはいえ、よくできると感心するしかありませんでしたし、ありがたく思いました。

遺体は葬儀会場へ

つれあいに白衣を着せた後に、つれあいの弟夫婦が到着しました。

葬儀社の二人が遺体を運ぶとき、その丁寧な扱い方に、これもまた仕事とはいえ、安心できました。そのとき、葬儀社の担当者がわたしにいいました。「会館へ行く前に、お住まいのマンションの前を通って参りましょうか」と。一瞬わたしは理解できませんでしたが、すぐに意味が分かりました。テレビでみたことがあるのを思い出したのです。元横綱千代の富士の葬儀で、霊柩車が国技館の前を通って火葬場へ行く光景です。つれあいのような人に国技館に並ぶものがないから住んでいたマンションとなったのだと理解しました。

葬儀社のサービスはここまで考えているのかと驚きました。なかには、自宅で待機せざるを得ない人がいて、遺体が通るのを家から見送る人がいるのかも知れません。わたしはわざわざまわってもらう必要がないので、「直接会館へ行ってください」と答えました。

遺体が車に乗せられ、わたしは遺体の横に座りました。病院を出るとき、まだつれあいの死が実感として捉えられていませんでした。白い布に包まれているのがつれあいであるのは分かっていますが、遺体として実感できませんでした。しかし一方で、遺体であるといい聞かせるわたしがいました。病院の外に出て車が出発するのを見送ってくれたのが、最後にいっしょに体をふいて手当をしてくれた看護師さんでした。ほんとうに頭が下がりました。仕事とはいえ、最後の手当をして、車のところまで来て、見送ってくれたのです。

葬儀社へ到着して、遺体が部屋へ運ばれていきました。夜遅いので、暖房がきいていない玄関で待っていましたが、ほんとうに寒かったです。しかし、わたしはのどがカラカラに渇き、持っていた水を飲んでいました。それは、病院で片づけをしているときから、汗が出るほど暑く、のどが渇くので、買っていたミネラルウォーターでした。

ずいぶん待たされた感じでしたが、やっと葬儀社との打ち合わせが始まりました。

まずいわれたのが、火葬の日時です。「大変混み合っていて、一番早い時間で明後日の3時が一つだけあいています」とのことでした。わたしが住んでいる市には火葬場がなく、車で約40分ぐらいかかる近隣の市の火葬場まで行かなければなりません。わたしはそれを了承するしかありませんでした。

電話でしか応対してもらっていませんでしたので、書かねばならない書類がありました。

わたしは「おかあさん」ではない

葬儀社の担当者がわたしにいいました。「おかあさん、ここに書いてください」と。その言葉にまた引っかかりました。「すみません。わたしはあなたのおかあさんではありません。源という名前がありますので、源と呼んでください」と返しました。しかし、担当者はすぐに理解することができなかったようです。それでもしばらく時間をおいて、「分かりました」と対応してくれました。

以前に同じことがあったのは、救急車を呼んだときです。つれあいの何度かの入院は、いつも救急車でした。救急車を呼ぶ回数も増えました。電話で呼ぶことにも慣れてきましたが、救急隊は有無をいわせず、家のなか、つれあいのところに向かいます。手際のいいことといったらこのうえもありません。救急車に乗ったら書くものを渡されます。「おかあさん、ここに書いてください」と頼まれました。つれあいの名前や住所やわたしの名前を書くのですが、わたしは書く前に引っかかってしまいました。「すみません。わたしはあなたのおかあさんではありませんので、名前で呼んでください」と。

救急の場合ではありますが、この人たちは駆けつけたとき、わたしに近い年代の人には

「おかあさん」と呼び、男性には「おとうさん」と呼んでいることが察せられました。実際、つれあいに対して最初は「おとうさん」と呼びかけたのです。名前が分かってからは名前で呼んでいました。救急だからどんな呼び方でもいいかも知れません。しかし、わたしたちの年代の人が、初めて会う人から、どんな職業の人であっても、「おかあさん」「おとうさん」で呼ばれていいはずがないと思います。多くの人は違和感がないでしょう。しかし、わたしにはあります。

日本社会のひとつの現象でしょう。お年寄りは「おばあさん」「おじいさん」であり、年配の人は「おかあさん」「おとうさん」であり、若い人は「おねえさん」「おにいさん」です。呼ぶ人との関係性を持たない呼び方です。日本語のむずかしいところであり、日本社会の文化を創っているのです。わたしは呼ぶ人との関係性がない呼び方はやめたほうがいいと思っています。その人それぞれの名前があるのですから。名前がすぐに分からないときには、こう呼んでほしいとこちらからいいたいと思います。

救急隊の人もこんなことは初めてだったからでしょう。「はアー」といったきりでした。「こんな救急の場合にそんなことをいうか」と、内心怒っていたかも知れません。今すぐに亡くなるような場合だったら、わたしもどうでもよかったかも知れませんが、そのときはまだ余裕がありました。「わたしはあなたのおかあさんではない」。

遺体の安置場所

葬儀社で「見積書」を書いてもらいました。「シンプル会館葬」で、会員になったので16万円、消費税がついて17万２８００円。それに火葬料７万円が加算されて24万２８００円。「火葬場がこの市にないので、７万円ですが、火葬料は健康保険証を市に返しに行くと5万円が返ってきますので、実質2万円です」という説明を受けました。後日、24万２８００円を払ったきりです。いずれ市から5万円が返ってくるそうですから、わたしは19万２８００円を葬儀代として払うことになりました。その後、健康保険証を市へ返しに行き、しばらくして5万円は返ってきました。

余談ですが、自宅に遺体を置けば、９万３３００円です。これに実質の火葬代2万円を加算すると、11万３３００円になり、もっと安くなります。その差額は6万６７００円です。わたしが依頼した葬儀社は、火葬場が混んでいて24時間経過しても追加料金はありませんでしたので、その差額に変わりはありません。

「ちょっと高い旅館に泊まっても一泊二食つきで二泊泊まってもそんなにしない」と、友人がいいました。わたしも高いと感じました。そこで、わたしは葬儀社に確かめました。

自宅で安置する場合には「遺影」がついていないそうです。藤岡さんがみせてくれた見積書によると遺影が2万5000円になっています。2万5000円を引くと4万1700円となり、二泊で4万1700円を高いとみるか妥当とみるかはそれぞれの人に任せたいと思いますが、わたしは高いと思いました。細かいことですが、こういうところに納得できない金額がつけられていて、説明を聞いても不可解な思いを抱きます。多くの人はそれさえ気づくこともなく受け入れ、何もいえないままになるのかと思いました。

わたしのマンションでは遺体を運び入れることは無理です。マンションで棺が入るエレベーターが設置されているところはけっして多くはないと思います。病院のエレベーターほどの大きさがないと遺体は運べません。その大きさのエレベーターを設置しているマンションを、これまでにわたしはみたことがありません。マンション暮らしをしている友人が多いですが、そのいずれも遺体を自宅に安置することは不可能です。

また、マンションでなくても都市部の家で遺体を安置することができる家は少ないだろうと思います。戸建ての家に住んでいる友人に聞いたところ、「無理、無理。遺体を置く場所なんてない」という答えが返ってきました。日常生活をしている場所に、棺を置く場所を確保するにはそうとうの片づけが必要です。「そんなことしていられない、片づけるものをどこへ置くのよ。まあ、病院から会館へ行ってもらうしかないわ」といいます。

都市部の葬儀社は会館での遺体の安置を前提に金額設定をしているのでしょう。「自宅に安置した場合、人が次から次にお参りに来られたら、かなわない」という声も聞きます。わたしが、今回の葬儀社の金額でただ1か所納得がいかないことが、その会館安置料と自宅安置料との差額でした。根拠がまったく明瞭ではないからです。

葬儀社の担当者は、「明日が納棺になりますが、どうされますか」と聞きました。わたしは、この人たちが遺体を粗末に扱わないことを確信したので、「すべてそちらでお願いします」と答えました。担当者は、「そしたら来られないということですか」と聞いたので、「はい、そちらでおこなってください」と念を押しました。

わたしは亡くなったあと、遺体が運ばれた日に納棺をしてくれると思っていました。その場合は見届けようと思っていましたが、その日が遅かったので、明くる日になったのです。納棺を確かめる必要はないと、わたしは判断しました。葬儀社の人も了解してくれました。「それでは、こちらで納棺をさせていただきます」と丁寧に答えてもらえたので、ホッとして自宅へ帰りました。もう夜の11時半を過ぎていました。

つれあいの死と直葬の日時を伝えなければならない人に伝えました。夜7時半過ぎに家を出てから病院へ、そして葬儀社へというすべての用事を終えて帰宅しましたが、その間を、ほんとうに長く感じました。いろいろなことがあり過ぎ、初めてのことばかりでした。しかし、考えてみれば、つれあいが亡くなり、遺体を葬儀社に運んでもらっただけです。ひとりだけ連絡がとれなかった人に連絡して、その日の用事はすべて終わりましたが、すぐに眠ることなどできないと思い、わたしは、睡眠導入剤を飲みました。

つれあいへの告知から、夜眠ることができなくなりました。ホームドクターにお願いして睡眠導入剤を処方してもらいました。それから1年4か月飲み続けました。つれあいが亡くなってから1か月くらいが過ぎたころでしょうか。睡眠導入剤を飲むことがあたりまえになっていましたが、ふと「そろそろやめないと…」と思いました。思ったその晩に飲むことをやめたら、何時になっても眠ることができません。常習性になっていることに気づきました。その晩は仕方なくいつものように飲んで眠ることができました。

あくる日、ホームドクターに電話しました。やめる方法を聞いたのです。「まずは錠剤を3分の2にして1か月飲み、そのあと、半分にして1か月飲み、それからやめていけばやめられる」と教えてもらいました。この原稿を書いているときは、半分にして飲んでいるときです。1錠を飲んでいるときよりも早く目が覚めるような気がしていますが、いずれやめることができるでしょう。

葬儀の見積書

葬儀社の基本の見積りに対し、葬儀社は次から次へいろいろなものを勧めてきます。多くの人が、それに対して「ノー」といえないのが、今回の体験と友人の話からよく分かりました。

「ノー」といえないのは、当然です。大切な人を亡くした直後です。亡くなったことの重大さを受け止めなければならないときに、冷静な葬儀社から「〇〇〇もつけ加えましょうか。△△△はいかがしましょうか。多くの方は◇◇◇もされます」などといわれると、葬儀社のいうとおりになってしまうプロセスが手に取るように分かります。

葬儀社は、遺族が「ノー」といえない状況をよく知っているのです。そのからくりがわたしと友人の場合によく表れていることが分かりました。わたしはほんとうに必要なものしか依頼しませんでした。それができたのは、パンフレットが送られたときにみることができましたし、それ以前にインターネットで調べることをしていたからです。

そして、なによりもしていたことは、つれあいと生前に死後の話をして決めていたことです。つれあいの希望はすべて聞いて了解していました。それは、つれあいが元気なときに話し合っていたので、わたしの死後にしてほしいこともつれあいは理解していました。家族のだれかが亡くなるとき、その余裕があっても、だれも葬儀社の内容まで調べることはなかなかしません。では、なぜしないのでしょうか。

突然死などは仕方がないとしても、ガンの場合は余裕があります。しかし、その場合でさえ調べないのが多くの人です。今回の体験はそういうことも知ることができました。お金を払うのはこちらであり、大きな額が予想されるのにどうして調べないのでしょう。30万円以上が予想され、なかには200万円を超すかも知れません。

実際わたしの別の友人は300万円近い葬儀料を支払っていました。また、別の友人は母親の葬儀をおこない、それ以上の葬儀代でした。それだけ高い金額を支払うのに、どうして調べないままですませるのか、わたしには理解できません。

葬儀以外の買い物はけっして人任せにはしないのに、葬儀に関しては人任せにしてしまう理由が存在します。自立している人でさえ、葬儀の場合に人任せだった友人がいます。わたしには考えられないことなので、その理由を探すのは非常にむずかしいことです。当人たちに聞いてみたら、「葬儀に関することは関心がない」という答えでした。

その回答に納得しました。ほとんどの人はいつ来るか分からないことを、たとえ身近な人が近々亡くなることが分かっても、関心がないので調べようとしないということです。

50万円、100万円単位のことでも、何とかなる人たちだからこそ、関心がないことは人任せにできるのです。そして、実際に人任せにしたのです。

任せた人が、葬儀社のいいなりになってその額が上がっても文句ひとついわないのはなぜでしょうか。否、文句はあとから出てきますが、いっていく場所や人がいないから公にならないだけです。実際に藤岡さんは、初めてわたしに後悔の念を漏らし、怒りの言葉を発しました。

葬儀社に「ノー」といえないからくりは、「安くしては死者に対して申し訳ない気持ちが働く」のです。死者の生きていたときの人間関係や仕事関係などを考えたら、生きている人の「見栄」も働くかも知れないそうです。「恥ずかしいと思われる葬式をしたくない」という気持ちです。

「見栄」や「恥」を持つようにさせられている葬儀とはいったい何でしょうか。葬儀が「個」の儀式ではなく、「家」つまり共同体の儀式だったからです。そういう葬儀の「伝統」が受け継がれてきたのです。葬送文化といってもいいでしょう。そして今もなお、その文化を引きずっているのでしょう。

だから、家族葬を思い描いていても家族葬にはならないで、多くの人が参列する結果になってしまうのです。藤岡さんの夫の葬儀に参列しましたが、藤岡さんがあとになって話してくれたのは、「知らせていない人が多く来ていた。知らない人まで来ていた」そうです。そのツケは、葬儀代が高くなり、支払うのは主催者です。終わった後に不満や文句が出なければいいのですが、予想以上の高い金額に思わず「取られた」「ぼったくられた」となるのでしょう。

葬儀のからくりを改めていくには、元気なうちに死後の話をきちんと話し合い、だれを呼ぶかも決めたほうがいいでしょう。知らせた人に「それ以上の人には知らせないでほしい」といわないとダメです。

わたしは、友人に知らせたとき、「直葬をするから」といい、参列を断りました。そして、友人に「○○さんに知らせようか」と聞かれましたが、「直葬が終わってから、わたしが本人に連絡するので」と断りました。わたしの言葉で直接伝えたかったからです。

死亡届と死亡診断書

つれあいが亡くなった明くる日にすることは、病院の支払いと「死亡届」と「死亡診断書」を葬儀社に渡すことです。病院へ行き、そこへ葬儀社が来てくれることになりました。すべての書類と会計は10時以降にはできているという連絡を病院からもらっていました。

その日は月曜日、わたしは授業がある日です。授業が終わる時間でも間に合うことが分かりました。午後の授業は早く終わることにして、授業へ行くことに決めました。いつもと変わらない朝でした。バスを待っているときに同じマンションの知り合いにその日に限って3人も出会いました。いつものように仕事へ行くので、つれあいが亡くなったことを知られたら驚くだろうなと思いながら世間話をし、バスに乗り込みました。

大学から早めに病院へ行き、この間の入院の支払いをすませ、「死亡届」と「死亡診断書」を受け取りました。ちょうどその頃、葬儀社の人が来てくれ、書類を渡し、市役所へ行ってもらいました。友人が「死亡診断書」は何通かコピーをとっておいたほうがいいといっていたので、コンビニへ走ろうとしたら、葬儀社の人がコピーをしてくれるといいます。初めてみる「死亡診断書」でした。

その夜、通夜の代わりに友人ふたりに居酒屋につき合ってもらいました。その夜は好きなワインを飲む気持ちにはなれませんでした。やはり日本酒だろうと、居酒屋へ行きました。友人とともにいることがほんとうにありがたいと感じました。夜、家でひとりで晩ご飯を食べる気がしませんでした。入院している間はいつもひとりで食べていましたが、やはり亡くなったあとはいつもとは違っていました。こういう夜につき合ってくれる友人のありがたさをしみじみと感じました。普段は日本酒をあまり飲みませんが、少々多く飲んでも酔えません。飲める友人の方が酔っぱらってしまいました。

そこへ弟から電話が入りました。直葬をすることはいっていましたが、門徒の葬儀が入り、こちらへ来ることができなくなっていたのです。わたしの関係者で来てもらうのは弟ひとりですが、葬儀が入れば無理です。住職の辛いところです。「今、家族全員が集まって本堂で通夜をして、『正信偈』をあげた」という電話でした。優しい弟です。つれあいに世話になったから、何とかして前日でも行くといっていましたが、わたしが止めました。島根から一日で往復するという気持ちだけもらうから、来なくていいと断りました。

わたしの通夜は飲むことでしたが、弟は『正信偈』をあげてくれました。家へ帰ってひとりで『正信偈』をあげようと思いましたが、帰宅したときには、疲れ果てていてその元気もありませんでした。

家族葬とは名ばかり

家族葬の定義はいまだにないといってもいいと思います。『0葬《ゼロ》―あっさり死ぬ』（集英社）を著した島田裕巳も「葬儀の簡素化をめぐって、混乱も起こっている。その一例として家族葬の定義の問題がある」と書いています。島田の著者のなかにデジタル辞書が引用されています。「家族・親族だけで集まって営む葬式。通夜・告別式などの儀式を行うのがふつうの形式。故人の親しい友人が参列することもある。身内葬」となっていますが、「家族」と名づけられるからには、「親しい友人」は家族には入りません。堅苦しく定義するなら、「家族・姻族だけで集まって営む葬式」になるでしょう。「親族」を入れると、正式には六親等内の血族、配偶者が入ります。六親等とは「またいとこ」までになるので「親族」を省くのが「家族」に近いでしょう。島田も書いていますが、「家族葬」は安いというイメージで捉えられているのではないでしょうか。

しかし、私が依頼した葬儀社の「家族葬」は、既述したように100万円を超すパターンがあります。けっして安くはありません。そのなかの最高金額（会員価格）が119万円の家族葬をみると、二面彫刻または布張り棺、高級仏衣、ドライアイス、遺影撮影、枕飾りセット、白木後飾り段、骨壺・位牌セット、納棺師による納棺、ナレーション司会、白木灯籠1対、会葬礼40枚、ガードマン、ホール使用料、貸布団4組、生演奏、寝台車、洋型霊柩車、マイクロバス、タクシーを含んでいます。この規模で、「家族・姻族」だけが参列するとは考えられません。「会葬礼40枚」をみても、「家族・親族」以外の人数になるでしょう。これがはたして「家族葬」といえるのでしょうか。

わたしはこれまで家族葬の葬儀に参列したことがありません。私の曾祖母、父の葬儀は「家族葬」の名前すらない時代でしたが、寺の葬儀で家族葬ができるわけもありません。会場が本堂なので、ホール使用料はいりません。恩師、友人、友人の夫などの葬儀に参列しましたが、家族葬ではありませんでした。わたしが参列すること自体、家族葬とは呼べません。

寺との関係が都市部ほど薄れています。檀家制度がけっしていいとは思いませんが、葬儀の会館使用料が高いのを考えると、祭壇を組まなくてもすむ寺の本堂がもっと活用されたらいいと思います。

藤岡有希子さんの夫の葬儀

藤岡さんは、夫を2015年4月に亡くしました。珍しく自宅で看取ったのです。家族葬を予定していた藤岡さんは、葬儀の4年前から彼女の友人の紹介で、ある葬儀社の会員になっていました。満期10年間の契約で月額2000円の会費を払っていました。満額になれば、24万円となる計算でした。ところが、彼女の夫が4年間払ったところで亡くなりました。だから9万6000円が葬儀料から引かれます。彼女は60万円の家族葬を予定し、それ以外にいろいろ費用がかかることを予想し100万円を用意し、息子さんに託しました。彼女自身が、夫が亡くなった日から体調を崩し、葬儀社との打ち合わせなど何もできなくなったからです。

藤岡さんは夫と死後について話し合いをしたことがあります。家族葬にしてほしい、故郷の海に散骨してほしい、香典は受け取らない、と夫は希望していたといいます。

彼女の夫が亡くなったとの連絡があり、通夜・葬儀の日取りと仏式でおこなう旨を知りました。わたしは、葬儀に参列しました。葬儀会館へ入ってすぐに家族葬とは違うと思いました。その前に、家族ではないわたしが参列するのですから、家族葬ではないと気づいていました。はたして、家族以外の多くの参列者が次から次へ葬儀会場へ入ってきました。あとから聞くと、100人以上の参列者でした。家族葬ではあり得ない参列者数です。

この本を書くにあたって、藤岡さんに葬儀などの話を聞きました。堰を切ったように話してくれたことを鮮明に覚えています。これまでだれにも話したことのない内容であり、わたしも驚きました。

なぜかというと、予定していた葬儀費用と実際の葬儀費用のあまりにもへだたった金額だったからです。彼女が体調を崩したせいもあり、彼女が直接葬儀社と打ち合わせができなかったこともありますが、予定の倍近くの葬儀代になってしまっていました。

彼女は快く葬儀の「見積書」のコピーをくれました。わたしが葬儀社からもらった「見積書」とのあまりにも大きな違いに驚きました。Ａ３判の用紙一面に細かく項目が書いてあり、数字がズラーと並べられています。葬儀社がわたしの目の前で書いてくれたように、その場で書くことはできないたくさんの項目と数字が並んでいます。実際その場で書いてもらった見積書ではなかったのです。葬儀社からこの見積書をみせられ、説明を聞くことを想像したら、ゆっくり考えたり、「これはいりません」とかいえなくなりますし、「はい、はい」という承諾と「よろしくお願いします」しか出ないだろうと思いました。

1年2万４０００円の会員プランをみますと、寝台車（病院より自宅まで10km以内）、ドライアイス（1回分）、仏衣、枕飾り、御棺、奉仕、祭壇、写真、焼香セット、音響設備、受付設備、門前灯籠、提灯台、大門標、霊柩車、お骨箱セット、樒《しきみ》がセットされています。それらがプランのなかに総額として書いてありますが、見積書でみますと、コース費用として24万円（税抜）と祭壇ランクアップ費用25万円（税抜）となっています。合計したら49万円です。ところが総合計は税込１８４万８０６円となっています。40万円余のランクアップ代、通夜供養などに14万円、会席料などに24万円余、会館使用諸費用に35万円余などが使われ、合計がそこから9万６０００円という会員として払い込んだ金額が引かれ、

葬儀料など

	藤岡有希子さん	山野映子さん	島 桃子さん	源 淳子
葬儀料	248,400円	323,000円	195,429円	172,800円
火葬料	10,000円	15,000円	59,000円	20,000円
火葬料・市外料金差額分		60,000円		50,000円
ランクアップ料	270,000円	131,060円	19,440円	
その他	1,216,406円	171,558円	97,200円	
合計	1,744,806円	700,618円	371,069円	242,800円

174万4806円なっているのです。

わたしはつれあいの見積書をゆっくりみることができるほど簡便なものだったのですが、藤岡さんは見積書を夫が亡くなった明くる日にみせられたのです。そこで説明を受けたのですが、遺族がゆっくり検討できるはずがありません。遺族が何もいえなかったことが分かります。

藤岡さんは、葬儀社に葬儀代だけを支払ったわけではありません。葬儀社に支払ったのは、合計210万5054円だったのです。葬儀料の差額36万円は僧侶への「お布施」・戒名料などです。知り合いの僧侶ではなく、葬儀社が契約している僧侶が呼ばれ、戒名もその僧侶がつけたそうです。夫の経歴をその僧侶に渡したそうですが、彼女はのちに夫の戒名に不満を持ったのです。その戒名には、夫についてのメッセージ性が何もなかったからです。

戒名については、後述します。

藤岡さんの葬儀が「家族葬」でないことは明らかです。しかし、彼女の意識のなかには「家族葬」のイメージがありました。予想以上の多くの参列者があり、連絡をどこまでストップさせるかも、葬儀をどの規模にするかに影響します。連絡を受けた人の問題でもあります。勝手に広げて他の人に連絡をしてはいけないと思います。知らせたい気持ちは分かりますが、死の知らせを受け取った人は、「参列しなければ」という思いを必ずや抱きます。

人の死は、「参列しなければならない」という意識をつくってきましたし、多くの人がそれを内面化してきました。だから、昼におこなわれる葬儀に仕事などで参列できない人は、通夜に参列するのです。亡くなった人のためだけではないこの気持ちは、関係のある遺族に対する気持ちでもあります。

真の家族葬をするには

では、家族葬をほんとうにおこなうにはどうしたらいいのでしょうか。その前に大切なことは、亡くなる人がどんな葬儀をしてほしいかを知ることです。ここでも生前に、そして元気なときに死後の話ができることが必要です。ただ家族葬にしてほしいという程度ではダメなことが分かります。もっと具体的に話し合わなければならないのです。そのなかの大事なことのひとつに、だれに参列してほしいかがあります。

自分のことを考えてみればいいと思います。自分が亡くなったとき、だれに来てもらいたいのかということです。これならだれだって考えられます。その人数によって、葬儀のかたちは変わってきます。親族・姻族もどこまでの人に来てほしいのか。友人はだれに？　仕事関係の人は？　仕事以外でつき合った人は？　近所の人は？　などなど来てもらう人を真剣に考えていけば、わたしがこれまで生きた人生を振り返ることもできます。

連絡をもらった人のことも考える必要があります。これまでは、死亡の通知をもらえば、どんなことをしてでも参列しなければならないと考え、昼間の葬儀に参列できない事情があれば、通夜に行かねばと考えてきました。「参列しなければ」という義務感を抱く人にほんとうに来てもらいたいでしょうか。連絡を受けなかったことでホッとする人もいるでしょう。どこまでの範囲にするかを決め、連絡した人にそれ以上広げないでほしいことを伝えるべきでしょう。その人から伝えてほしい人だけをいえばいいのです。知らされた側の問題でもあります。勝手に広げないことは大切です。

葬儀後、「あの人に連絡があり、わたしに連絡がなかった」と思う人がいるかも知れません。その人は、亡くなった当事者とそういう関係だったと思わざるを得ません。残念なことかも知れませんが、人間関係は生きている間につくるものです。連絡されない人間関係だったのだと諦めるしかありません。だから、人間関係をどうつくるかは、生きているなかでの大きな課題です。

そうした死後の話が夫婦・親子・きょうだい間でできないのが現実です。幸い、わたしは親とも弟ともつれあいとも話ができました。つれあいの死に際して、参列を見合わせてほしい人には連絡はしましたが、その旨をきちんと伝えました。「冷たい」と思った人もいたかも知れません。しかし、亡くなったつれあいの遺志を尊重したかったのです。なかに、「どうしても行きたい」といった人がいます。「つれあいの遺志です」と応答するしかありませんでした。「お宅で追悼してほしい」と伝えましたが、わたしに直接怒った人はいませんでした。こういう場合は、亡くなった人の遺志は大きな力になります。

どうすれば、家族葬ができるかは、生きているときに決定されると思います。死はだれが先になるか分かりませんが、必ず来ます。ガンのように突然ではない場合もありますが、突然死もあります。突然死で頭が真っ白になり、何も考えられない場合でも、葬儀社は冷静に聞いてきます。どんなときでも答えなければならないときがあります。そんな場合でも、亡くなった人の気持ちを思い起こすことはできるでしょう。

だから、死後の問題を解決するのは、生きているときなのです。頭が真っ白になったり、体調を崩してできない場合、代わりをする人がいれば、ありがたいです。それも普段の生活のなかで培われるものでしょう。気持ちをくんで対応してくれる人がいれば、心強い限りです。

山野映子さんの夫の家族葬

わたしの友人のなかに家族葬をした人がひとりいます。山野映子（仮名、1944年生まれ）さんです。彼女も夫を亡くしました。死の報せを受けて、彼女に電話をし、お悔やみを伝えました。わたしは彼女の夫とは面識はありませんでしたが、彼女とは長年の友人であり、本をともに出版したこともあります。

通夜か葬儀に参列したい旨を伝えました。彼女は「家族葬をするから」といい、友人を呼ばないことが分かりました。しばらくして落ち着いたら「慰労会」をしたらいいと思い、知り合いの友人ふたりにも声をかけ、飲み会をしました。

そのときの話で印象に残っているのは、夫の遺産（貯金）を引き出すのに、市役所へ何度も通い、戸籍謄本をとる作業が大変だった内容です。戸籍をたどっていくことで、その人のルーツを知ることになりますが、書類をそろえることに時間とお金がかかったそうです。この話はもう少し詳しく後述します。ちなみに、今回はわたしが「慰労会」をしてもらうことになりました。つれあいを亡くしたことを聞いてもらえる場はほんとうにありがたいです。

山野さんは、夫を2015年9月に亡くしました。夫の死に対して、葬儀よりも病院の対応に怒りを覚えていました。山野さんは研究者であり、宗教を専門にしていたので、死に対して関心を持っている人です。しかし、医学を専門としていないので、「夫は病院に殺された」ともいっていました。ガンでしたし、よくならないという覚悟はしていましたが、担当医が現在の状態や今後のことを具体的にいわないし、まだまだ死が近づいているとはみえなかったといいます。

最後になる入院にも山野さんはつき添ったといいますが、夫がひとりで行くことができる状態だったとのことです。亡くなる前日まで話をしていて、「それじゃ、また明日」といって帰宅したそうです。ところが明くる日、夫の容態が急変し死に至ったのですが、主治医が来るまで1時間もほったらかしにされたとのことです。もう亡くなっているのに、そのままにされていたことに対し、怒り心頭でした。そして、主治医が到着したあとの処置もどうしても許せないといっています。

主治医が来るまでの時間、彼女はインターネットで葬儀社を調べました。キーワードは、「家族葬・夫が入院している病院の近く」で引くと、何か所か挙がってきたそうですが、彼女の判断で選び、連絡したといいます。

山野さんはクリスチャンですが、夫は違っていたので、夫の家の仏教ですることにしました。浄土宗であることは以前から知っていましたし、その寺と懇意にしていたこともあり、寺への連絡を直接したのです。都市部で寺との関係がない場合、葬儀社の紹介で葬儀に来てもらう例が多いのですが、山野さんは、夫も夫の実家も寺とのつきあいがありました。

山野さんも「見積書」をみせてくれました。葬儀社との打ち合わせで、家族葬の「小さな一日葬プラン」を選びました。34万3000円（税込）です。割り引きが5000円となっていますから、実質33万8000円になります。それについているのは、平棺一式、自宅用に安置祭壇一式、骨壺・位牌セット一式、ドライアイス1回分、寝台車・霊柩車1運行（20kmまで）、セレモニースタッフ当日1名、会館安置料金、遺影写真（白黒）一式、祭壇使用料金、式場使用料当日です。

亡くなったあと、看護師が体をふいてくれ、何を着せるかを考えたといいます。リハビリ用の新しい上下のウエアを用意していたので、それを着せてもらったとのことです。リハビリ用のウエアを用意していたのは、まだ夫の死は先のことだと思っていた証拠です。あとは、葬儀社が迎えに来るのを待つのです。

山野さんは「小さな一日葬プラン」に記されている内容で充分だと思っていました。ところが、夫のきょうだいが横やりを入れてきたのです。霊柩車がランクアップされ、５万５４６０円が加算され、親族一同の花もつけられ、７万５６００円が加算されました。それにハイヤー代（僧侶の火葬場への行き帰りのハイヤー代）、初七日の精進落とし式場使用料（４万３２００円）、マイクロバス（４万５８１０円）、粗供養品（１万９００８円）、精進落とし（５万３４６０円）、火葬料（６万円）となり、合計70万６１８円となりました。

僧侶へのお布施戒名料はこのなかに含まれていません。戒名料は請求されなかったといいます。山野さんは、僧侶の火葬場への行き帰りのハイヤー代には疑問を持ちました。葬儀社が「お坊さんですから、みなさまといっしょというわけにいかない」という言葉にさらに疑問を持ちましたが、反論することはできませんでした。

山野さんは、わたしと長いつきあいがあるので、わたしは彼女の性格を知っています。自分が考えて判断し、きちんという人です。その彼女にして、葬儀社との打ち合わせの段階で、葬儀社の提案と夫の関係者が口をはさんでくると、「いうことを聞いておこう」「これが最後だし…」という思いで、自分の気持ちを押し殺したといいます。霊柩車のランクアップも、黒塗りのような車になりましたが、その必要性はまったく感じなかったといいます。

参列者は30人くらいで、家族葬そのものができた点では、よかったといっています。そして、僧侶と知り合いだったので、読経もよかったし、葬儀そのものはいい感じで終えることができたそうです。僧侶へのお布施は、「相場はこうです」といわれ、15万円を出したといいます。

山野さんの夫の事務的な処理

山野さんの葬儀後の話は、日本の戸籍制度の厄介さを改めて知ることになりました。夫の死を夫が使用していた銀行に通知したといいます。多くの人がロックされるから知らせる前に預金を下ろすことを知っていますが、山野さんはまったく知らなかったそうです。通帳の管理、暗証番号、印鑑などすべて夫が管理していたので、通帳にいくら残金があるかも知らなかったとのことです。銀行に残金を問うたら、そのまま放っておくことはできない金額であることを知ったのです。夫婦もいろいろなかたちがあることを知ります。わたしはお互いの通帳をふたりで管理していました。

さて、どうすれば妻である山野さんの手元に入手できるかを銀行に聞き、奔走することになりました。

子どもがいたらもう少し簡単だったそうですが、子どもがいない山野さんは妻であるけれども他人となるので、夫の直系の父母が生まれたときの戸籍が必要といわれたのです。夫の親が生まれた戸籍に辿り着くまでに、母親は遠くに住んでいるので電話でお願いし、父親は車で行けるところなので車を頼んだりして、1か月を要してやっと夫の両親が生まれたときの戸籍を入手したのです。戦前の家制度下の戸籍であり、なかには手書きの戸籍もあったといいます。女性は嫁にいったことが分かるようにすべて「除籍」となっており、戦前の戸籍を初めて目にしたと話してくれました。

話を聞きながら、わたしもそのしんどさにつられてしんどくなってしまいましたが、山野さんの疲労困憊度は、葬儀後のしんどさのなかだからよけい大変だったろうと想像できます。子どもがいたら、直系の相続人ですから、ここまでの労力はいらなかったそうです。今さらそんなことをいわれても、子どもがいない現実から始めなければなりません。

そのうえに、夫のきょうだいの印鑑証明書が必要であり、それらをお願いしなければならなかったそうです。山野さんの実のきょうだいではないですから、頼むのもしんどいです。山野さんがいうには、「夫が残した金額が少ないから、きょうだいがみな快く印鑑を押してくれたけど、これが多かったら、そうはいかないと思うよ。世のなかのトラブルは、その財産が多いから起こっているし、黙っていないだろうね」と。

財産をめぐるトラブルは、遺産が多いから起こっています。これも生前の関係性が、死後に出てくる問題でしょう。とくに、きょうだい関係に出るので、「きょうだいは他人の始まり」とは、こういうところに関係しているのでしょう。

妻であっても、夫の通帳が自由にできない場合があることを多くの人に知らせたいと、山野さんはいいます。とくに、子どものいない夫婦は気をつけたほうがいいといいます。

位牌の値段

山野さんは寺から、四十九日法要までに葬儀のときに使った白木の位牌をやめて本位牌を準備してほしいといわれました。山野さんは葬儀社に展示されている位牌の値段の高いことを知って、インターネットで調べました。種類も豊富で字体もいろいろあり、選択肢が多くあったといいます。インターネットで注文したら、自分の気に入ったもので高さが15㎝の位牌が1万2725円で入手できたそうです。そのなかには、文字入れ1500円も入っていますし、送料もサービスでしたので、その安さに驚きました。

藤岡さんのところの位牌が21万6000円、文字入れ4000円を知っていたので、山野さんの位牌の値段との差の大きさに驚きました。藤岡さんが聞いたらショックを受けるだろうと思いながら、電話しました。藤岡さんのショックは相当なものでした。やはり、「なぜそんなに違うの？　うちのは高さが20㎝ほどだけど、5倍としても6万円そこそこじゃない」と驚き、「何で？　どうして？　どうなっているの？」の連発でした。葬儀社を通さず、直接仏具屋さんへ注文しているので、葬儀社を介したらもっと高くなっているだろうことも分かりました。理解できない値段がまかり通る仏具関係です。

ちなみに、わたしのつれあいは位牌などいらないといっていたので、つくっていません。


山野さんはまた、寺からは、四十九日までに仏壇に毎日小さな小鉢に料理をいろいろ用意するよういわれましたが、仏壇は用意しないと決めていました。写真を飾っていますし、夏場でそれらは腐るし、寺のいうとおりにはしませんでした。それでも、お水とお花はあげたといいます。

山野さんの友人には、同じ浄土宗で寺のいうとおりにした人がいるといいます。その人はフルタイムで働いていますので、仕事を終えて帰宅したときには、食べ物は腐っていましたが、また明くる日食べ物を供えて出かけたそうです。その友人の話を聞いていたので、山野さんは無駄なことと思い、しなかったのです。こういう体験話は次の人のためになります。

直葬

「直葬」は、「デジタル大辞泉」によれば、「通夜・告別式などの儀式は行わず、自宅または病院から直接火葬場に運び、火葬にする方式。炉前で読経・祈祷の行われることもある」。「日本大百科全書（ニッポニカ）」によると、「死者の弔い方の一つ。通夜や告別式などの儀式を行わず、法律で定められた死後二四時間の間、自宅や病院などに安置した後、直接火葬場へ運び、火葬に付す葬儀をいう」。「知恵蔵mini」によると、「通夜や告別式などの宗教儀式を行わない、火葬のみの葬儀形態。近親者や友人など限られた関係者のみで執り行うケースが多い」となっています。

「デジタル大辞泉」も「日本大百科全書」も「病院から直接火葬場に運び」「病院などに安置した後」となっていますが、病院は特別の理由がない限り、火葬場へ運ぶまでの長い間遺体を置いてくれません。だから、「自宅または遺体を安置してもらう葬儀社などから火葬場へ運び、火葬にする方式」となります。

わたしが依頼した葬儀社の直葬は、既述しましたが、「シンプル会館葬」となっていて、17万2800円（税込、以下同様）のなかに、桐棺、仏衣、ドライアイス、遺影写真、枕飾りセット、骨壺・位牌セット、寝台車が含まれています。

2013年にNHKが全国の200の葬儀業者を対象におこなった調査によると、直葬は関東地方で葬儀全体の22・3％を占め、近畿地方では9・1％だったそうです。現在では、その数値が上がっていると思われます。近畿地方が少ない理由は分かりませんが、わたしが知っている限りでは、近畿地方の友人や知り合いは直葬をおこなっていません。

東京の友人が両親の葬儀を直葬でおこなったので、この比較だけで断言はできませんが、近畿地方の友人や知り合いの寺院関係者の話を聞いたりすると、寺と檀家の関係が地方ほどではないかも知れませんが、東京に比べ濃いと思われます。まだ直葬ではなく、檀那寺の住職に読経してもらう葬儀をおこなっていることが多いと感じます。実際、別の友人は2015年に夫を亡くし、葬儀の場所は葬儀会館でしたが、檀那寺の住職の読経による仏式の葬儀でした。山野さんの夫の葬儀も檀家制度下でおこなわれました。

わたしの実家は既述しましたが、島根県の奥出雲の寺です。その地域で直葬をする人はまだいません。これは、まだ「個人」がおこなう葬儀ではなく、「家」でおこなう葬儀であるからだと考えられます。母に「東京の友人が直葬で葬儀をおこなった」と話したとき、母は驚き、「そういう葬儀があるなんて知らなかった。うちらのほうではそんなのは無理だと思う」と答えました。

わたしの実家は月参りがない寺です。出雲地方の特色と思いますが、寺との関係は濃い感じがします。わたしの実家の地域では「家」でおこなう葬儀でも寺でおこなう葬儀でも、近所の人がお参りします。家と家とのつきあいがあり、「個人」の葬儀がおこなえない理由ともなっています。

町内でだれかが亡くなると、有線放送で「お知らせ」があります。葬儀の日時と場所がきちんと放送されます。帰省しているときに何度も聞きましたが、葬儀の場所は「自宅」が多いです。そのお知らせは、知り合いであるなら、参列しなければならないことになっていきます。「世間」が生きている葬儀であり、戦前の家制度が払拭されてはいないということです。結婚式は有線放送で流さないのに、葬儀はいまだ「世間」が生きていることを物語っています。

島桃子さんの両親の直葬

わたしの知り合いのなかで直葬をしたのは東京の友人の島桃子さんです。島さんは父母の両方とも直葬でした。わたしのつれあいも自分の母親の葬儀を直葬でおこないました。

島さんの母親は2010年8月、父親は2014年8月に亡くなりました。彼女に聞いて東京の直葬を教えてもらいました。しかし、驚いたのは長女である彼女がほとんど葬儀を妹さんに任せていたため、詳細については把握していなかったことです。きょうだいは3人で弟さんがいましたが、すでに亡くなっていて、3歳下の妹さんがいます。母親の葬儀は父親がやったので記憶がないのは理解できますが、父親の葬儀は彼女が責任を持っておこなったと思っていたからです。

島さんは、「妹は以前から葬儀や祖先の墓とか菩提寺などに強い関心を持ち、調べたり現地に出向くなどもしていた。だからこの分野に関しては、全幅の信頼をおいていた」といいます。一方、島さん自身は「この分野」への関心が薄かったうえ、父親が亡くなったときは海外にいました。急遽帰国しましたが、死亡直後に発生するさまざまなことは、すべて妹さんとその娘さんに任せることになりました。

島さんは海外での仕事の最中に、父親がショートステイ先で急死したことを知らされました。そのときは、自分が傍にいてあげられなかった悲しみと無念さで、父親に向かって、「逝くのなら、どうしてわたしが日本にいるときでなかったの!?」と叫びたくなったといいます。

彼女はフルタイムの勤務の傍ら、「施設は絶対にいや」という両親の介護を、自宅から自転車で実家に通って続けていました。ところが島さんの定年退職の直前、認知症を患っていた母親(87歳)は炎天下で徘徊中に道端に倒れて亡くなりました。それから丸4年、毎朝父親に薬を飲ませ、三食の支度するために「通い介護」をしていましたが、たまたま島さんが日本を離れたときに、父親は96歳でこの世を去ったのです。

だから島さんは、両親の最晩年や介護の日々については話し出すとキリがありませんが、葬儀に関しては、何も答えることができません。普段の彼女からは想像しがたく、わたしのほうがうろたえました。

仕方なく直葬に関する事情を妹さんに聞いてもらいました。わたしの質問に妹さんは快く答えてくれ、葬儀社の「見積書」までみせてくれました。

両親とも同じ葬儀社です。会員価格として明示され、母親の場合は2010年ですが、「直葬プラン」となっていません。葬儀料金として13万1220円です。2014年の父親の場合は、「直葬プラン」となっていて、直葬の流れは、「逝去→安置→打ち合わせ→火葬→解散」といたってシンプルで、19万5429円です。含まれるものは、桐棺、骨壺、寝台車（病院〜安置所）、納棺一式、火葬場案内、諸官庁手続き、棺上花です。納棺一式には、白衣や草履や編み笠や杖までついています。死出の旅路を意味するのでしょう。わたしが依頼した京都府下の葬儀社には「仏衣」しかありませんでした。

火葬料が母親の場合に4万8300円、父親の場合は5万9000円です。東京の火葬料は高いようです。

ちなみに火葬料について、京都府下山野さんの市とわたしが住んでいる木津川市は火葬場を持たないので、7万5000円、7万円です。わたしには葬儀社から、「亡くなった本人の健康保険証を市役所に返すことで、5万円が返ってくるので、火葬料は実質2万円となります」という説明がありました。しかし、山野さんにはそのような説明はなかったといいます。また、藤岡さんの住んでいる奈良市は1万円です。火葬料は市町村によってまちまちです。しかし、火葬場を持たないところは高くつくことが分かります。

島さんの話に戻りましょう。オプションとしてドライアイス代やお別れ花や遺体安置料を含め、すべての合計が、母親の場合が28万6125円、父親の場合が37万1069円です。妹さんは、母親の場合には、「こんなものかな」と思い、父親の場合には、母親の場合と比較するので、「少し高いかな」と思ったそうです。

東京の葬儀社のオプションには安置室1日1万円、寝台車（安置所～火葬場）が父親の場合、3万2400円となっており、「直葬プラン」のなかに含まれていないのでドライアイスと遺体安置料が4日分になり、高くなっています。亡くなってから火葬まで24時間をおくので、3日分ですみます。わたしが依頼した葬儀社には、遺体の安置は火葬場の都合のつく日まで基本料金に入っていましたし、寝台車（安置所～火葬場）も納棺のための仏衣もプランのなかに入っていました。

直葬の具体的な内容も島さんはあまり記憶にないといいますが、納棺には立ち会うことができました。親族への連絡や遺影に使う写真の準備、葬儀後にみなで会食する場の手配などは彼女が受け持ちました。葬儀にはふたりの娘さん、お孫さん、父親の弟さん、父親の兄の娘さんなど10人が集まり、長女の彼女が挨拶しました。そして、棺のふたを開け、花を入れ、父親が使っていたメガネを入れました。そして、火葬場へ向かいました。

参列したみんなの感想は、「質素だけど無駄がなかった。真っすぐに死に向き合えた、いい葬式だった」というものでした。そうした感想は、しばらく経っても変わることがなく、「取られた」との文句は何一つ出ていません。僧侶を呼んでいませんから、読経料、戒名料もありません。ほんとうにシンプルな直葬です。

島さんの妹さんは、現在八ヶ岳に住んでいます。位牌について島さんに聞いてもらいました。仮の位牌の記憶はないようですが、位牌を茅野でつくったそうです。仏壇と位牌代6万円のうち、仏壇が4万円、位牌は2万円だったそうです。東京の父親の家にあった仏壇とは違って、八ヶ岳に置く仏壇を新たに購入したということです。

つれあいの直葬

つれあいとは生前に死後のことを話していたので、つれあいの葬儀は直葬でおこなうことに決めていました。つれあいは自分の母親が亡くなったときに経験済みでした。親族だけが集まり、つれあいが僧侶の資格を持っているので、『正信偈《しょうしんげ》』をあげたそうです。終わったあと、参列者が会食をし、亡くなった母親のことをいろいろ偲んだと聞きました。母親の法名もつれあいがつけ、よく知っていたので全員が納得し領解したのです。そのときの直葬がよかったといっていました。

つれあいの場合は、火葬場の読経もありましたが、葬儀社に事前に了解をもらっていましたので、火葬場へ行く前にもつれあいの友人といっしょに読経することができました。直葬の場合、病院や自宅から直接火葬場へ移動する場合もありますが、わたしが依頼した葬儀社には、直葬用の部屋が用意されていました。読経はできますし、つれあいの思いを叶えることができました。

つれあいの遺体が安置されているところには、直葬に備わっている枕飾りセットがあるだけです。セットのなかに遺影もついていますが、つれあいはいらないといいました。祭壇がなく、花がなく、灯籠もありません。僧侶が読経するためのセットが枕飾りセットです。いたってシンプルです。遺影を置く場所に「南無阿弥陀仏」の六字の名号が置かれました。そして、つれあいの友人が参列している人に「浄土真宗では、葬儀に読みます。いっしょに読みましょう」と『正信偈』を配布してくれました。場所も狭く、10人がやっと座ることができる程度です。つれあいが来てほしい人だけに参列してもらったから充分な広さです。

つれあいの親族のなかには、「こんな寂しい葬儀なんて」と思い、情けなく思ったり腹を立てたりした人もいたかも知れませんが、つれあいの遺志は伝えましたので、わたしに文句をいう人はいませんでした。わたしはつれあいの遺志どおりにおこなったので、「これでいい」と領解していました。友人が導師となって『正信偈』をあげ、そして、順次焼香をしました。

焼香は導師が最初に、続いてわたしがという順におこない、全員がすませました。他の人の焼香のやり方をみていましたが、みんなまちまちです。僧侶の友人ふたりとわたしだけは浄土真宗のやり方で一度きり、額にもっていかない方式です。なかには三度も額にもっていく人がいました。

焼香が終わり、わたしは、つれあいの死に至るまでの話をしました。そして、火葬場へ2時半に出発するまで時間があるので、みんなにつれあいの顔をみてもらいました。そしてふたを開けて、数珠を持った手もみてもらいました。

14年前に前立腺ガンを患ったあと、そのときの放射線とホルモン治療の後遺症で、両手の親指・人差し指・中指がしびれて痛いといい出すようになりました。他にもお腹周りが氷を抱いているように冷たいとか常時耳鳴りがするようになり、前立腺ガンそのものはなくなりましたが、その後遺症に苦しんでいました。

指についてはいつ頃からか痛くて箸が持てなくなり、スプーンとナイフとフォークで食事をするようになりました。それと同時に、痛みを軽減するために常時手袋をするようになりました。外に出るときはもちろん、家にいるときもです。長い間まったく陽に当たっていない手は真っ白で、みんなにみてもらいたい、そう思いました。「きれいな手!! きれいな顔、若くなったような顔!!」と、感嘆の声が上がりました。

つれあいの顔は亡くなった日とそんなに変化がないようにみえました。亡くなったときに体が弛緩してくるので、口が開くのが気になっていました。口を閉じてあごから押さえていましたが、手を離すとすぐに口が開きます。タオルであごから頭のてっぺんで縛ることも試みましたが、ダメでした。

直葬の日、つれあいの口はきちんと閉じられていました。遺体を病院から運んでもらうときに、口が閉じないことを葬儀社の人にいい、できるなら閉じるようにしてほしいとお願いしたのです。当日、どんな方法がとられたかを聞こうと思っていたのに失念しました。後日、その方法を尋ねたところ、「硬直する前に口のなかに脱脂綿（または布）を入れ、そのまま閉じる」と教えてもらいました。人によってきちんと閉じる人とそうではない人がいるらしいですが、つれあいの場合はきちんと閉じることができたそうです。やはり、そういう点はプロの仕事だと感心しました。口を閉じているほうがいい顔にみえたからです。

わたしは棺のなかに最後まで読むことができなかったつれあいの本だけを入れました。親族がもってきてくれた花がありましたので、それも入れ、そして、ふたが閉じられました。

このとき、わたしの葬儀も直葬でいいと確信しました。読経はなくてもいいですが、優しい弟と甥がつれあいのときと同じ『正信偈』をあげてくれるでしょう。

焼香の順序

焼香のことで思い出したことがあります。「終活」の講座があったとき、父親の葬儀のときの話をしてくれた人がいました。彼女は長女です。弟と妹がいて、母親が喪主でした。焼香の順番に違和感があったといいます。

一番目の母は問題がありません。次に「わたしの名前が呼ばれると思っていたら、わたしの夫の名前が呼ばれた」と。夫はスッと立って焼香台に向かったそうです。「わたしが先でしょ。父に近いのは夫ではなく、わたしだから」と思ったのですが、その場でどうすることもできなかったといいます。わたしもそのとおりだと思いました。弟夫婦は、弟が先、弟の妻があとで問題はありません。さらに、妹夫婦になり、また妹の夫が先で妹があとだったというのです。「妹が先であるべきでしょ」と。あとで妹に聞いたら、妹はまったく何も感じなかったそうです。

世間は夫婦単位で考えます。そのとき、焼香も「夫が先、妻があと」を世間の常識としてきたからです。亡くなった人に近いきょうだいがまず焼香し、そのあとにそれぞれの配偶者がしてもいいと思います。

どんな順に並んでいたかを聞くのを忘れましたが、夫が母親の隣に座っていたのかも知れません。もしそうなら、それもおかしいことです。父親に関係が近い順に妻が先、夫がその横に座ったほうがいいと思います。

葬儀をするようになった時代から、焼香は「男が先、女があと」でやってきたのでしょう。これもまた、家制度の名残りであり、あたりまえのことにしてきました。まさにジェンダーです。そういうやり方に違和感を持つ人が出てきたのはいいことです。亡くなった人の関係の近い人からの考えに変えていきたいものです。たかが焼香といいますが、焼香の順を理にかなうようにするには、気がついた人から声を挙げなければなりません。次の葬式はいつか分かりません。そのときに覚えているとは限りません。でも、覚えていてほしい、そしてそのときには声を挙げてほしい、そう思います。

焼香の順番の話を講座ですると、この話に違和感を持つ人がいます。世間の常識で生きている人です。常識はそれぞれの人に「あたりまえ」を形成します。「あたりまえ」は立ち止まって疑ってみることをむずかしくします。

4章　戒名（法名）を考える

戒名（法名）とは

藤岡さんが夫を亡くし、葬儀社に依頼し仏式の葬儀をおこないました。檀家制度下にいないので、読経は葬儀社が提携している僧侶でした。その僧侶によって戒名がつけられました。亡くなった人をまったく知らない僧侶が、その人の人生を家族から少し聞いただけでつけた戒名です。

藤岡さんは、その戒名に満足しませんでした。彼女がもう一つ満足しなかったことがあります。怒りに似た気持ちといったほうがいいでしょう。「取られた」といい、「ぼったくられた感じ」という言葉さえ使いました。気に入らない戒名をつけられ、友人が予想する金額以上の戒名料だったからです。

そもそも戒名とは何でしょうか。戒名についての本は島田裕巳に代表されます。ずばり「戒名」をタイトルにする本（『戒名―なぜ死後に名前を変えるのか』法蔵館、『戒名は、自分で決める』幻冬舎新書）のなかに、戒名とは何かが詳しく書かれています。

戒名とは、戒を受けて仏門に入った者に与えられる名です。つまり、仏教徒、仏の弟子になった証として授けられる名です。宗派によってそれぞれ違いがあり、浄土真宗では戒名といわず法名といいます。

現在の日本では、亡くなったあとに僧侶がつけるものとなっていますし、そのことに多くの人は疑問を持ちません。それは、檀家制度のなかにいて、寺院と檀家の関係が希薄ではない地方でも、そのことに疑問を持つ人はいません。わたしの実家は戒名といわず、法名ですが、亡くなってから住職である弟が法名を授けています。釈○○の2字です。亡くなった人と生前から交流があるので、その人に相応しい法名をつけていると思います。しかし、生前につける人はほとんどいません。

しかし、その法名にしても本来は亡くなってから授かるものではありません。亡くなって仏教徒、仏の弟子になるのはおかしな話です。わたしは得度しましたから「香淳」の法名を持っています。これは寺の怠慢ですが、戒名は生前に授かるものという説明をしていません。寺が本来の考えとは違うことを知りながら、それを実践していないのです。

なぜ、檀家（門徒）に戒名（法名）の意味を説明し、生前に授かることを伝えないのでしょうか。はっきりいえば、戒名は寺の収入として大きいからです。それを寺が葬儀の当日にいうのではなく、葬儀社に一任しているところがさらにあくどいと思います。檀家制度が薄れていっている都市部ほど、その傾向が強くあり、藤岡さんも葬儀社が依頼した近くの僧侶が戒名をつけ、読経をあげたのです。

もう一つ問題なのは、戒名にランクがあるということです。藤岡さんも最初に葬儀社から「院号をつけますか」と問われたといいます。夫は、「人間に貴賤なし」という生き方をしていたので、はっきりと「いりません」と答えたとのことです。院号をつけていたら、もっと高い「戒名料」になっていたはずです。

わたしの友人のなかで、きちんと葬儀社に話し、父親の遺言どおりに戒名をつけないで俗名のままで葬儀をした人がいます。父親の遺言を実践できたのは、生前から遺言の内容を聞いていたこと、それを実践しようと考えていたからです。父親の場合に実践できたから、4年後に母親を亡くしたときも、父親に準じてできたのです。やはり、生きているときの問題であることがよく分かる例です。

戒名（法名）の歴史――近世まで

「戒名料」に対し、多くの声が「高い」「高すぎる」となり、「取られた」となっている現在の状況を歴史的に考えてみたいと思います。

戒名の歴史は古く、日本独特のものです。釈尊が始めた仏教には戒名は存在しません。戒名は葬儀との関係でおこなわれるようになりました。中国仏教にはその萌芽があるといいます。しかし、それは出家者の名ですから、死後に多くの人が授かる日本の戒名とは異なります。中国・韓国の葬儀は、基本的に儒教でおこないます。儒教は死者儀礼を重んじ、親の葬送は、親孝行の証でもあります。

では、日本においていつ戒名が定着していったかですが、近世の檀家制度が制定されてからです。寺檀制度、寺請制度ともいいます。江戸幕府がキリシタン禁制のためにつくった檀家制度は、家を単位としてどこかの寺に所属させる制度です。檀家がキリシタンではないことを証明するものでした。寺は檀家の死亡・婚姻・移住などを記録しました。家単位として機能し、個人の宗教の選択はなくなりました。幕府は、檀家制度を通して寺院の安定を図り、民衆を支配することが容易になりました。日本人が自らの宗教を選択することがいまでも大きな理由は、この檀家制度にあります。

この檀家制度下では葬儀・法要はもちろん、民衆への布教を盛んにおこないました。仏教の宗派が確立していくことにもなります。その教えは、鎌倉仏教の開祖とは変化をみせます。

因果論（業論《ごう》）で説く、民衆にとって分かりやすい教えとなりました。現世のありようを前世の果としたのです。例えば、被差別部落に生まれたこと、障がいを持って生まれたこと、女性に生まれたこと、子どもを産めない女（石女《うまずめ》）として生まれたことなどは、前世に悪いことをしたことが因となり、その結果がそのような果をもたらしていると説きました。そして、「後生《ごしょう》の一大事」がリアリティを持っていた来世は、現世のありようが因となって地獄に堕ちる存在だと説いたのです。「善因善果悪因悪果」は、民衆にとって分かりやすいです。

来世に極楽に生まれるにはどうすればよいかを仏教は説きました。つまり、信仰を持てば来世に極楽に生まれることが約束されたのです。それは、身分制を敷いた幕藩体制下で排除された身分である被差別部落の人や、武士によって支配される百姓や町人には分かりやすい教えとなりました。支配される人々のなかにはもちろん女性が含まれ、支配される人々、苦界を生きる人々ほど、来世を願ったのです。寺の役割は葬儀・法要に加え、祖先崇拝の意識をもたらすと同時に、業論による救いの論理を民衆に浸透させていくことでした。

わたしは、檀家制度下の仏教が、葬儀・法要を担った以上に業論を説いたことの重大さを指摘したいと思います。なぜなら、民衆が幕藩体制に従順になり、現世の苦を諦めさせられる、つまり現状肯定をする信仰を持つことになったからです。

だから、檀家の人は、寺側がつける戒名の差についても文句をいわないでいいなりになっていったのです。それは、差別構造を下から支えることにもなり、幕藩体制を万全なものにしました。

寺が授ける戒名の差は信仰の篤さによるものではありませんでした。身分と家格と寺への貢献度がその基準となりました。仏教が平等を説く教えではなくなったのです。その極めつきが「差別戒名」です。被差別身分が分かる畜・賤・非・革・鞁・卑・婢・隷などの字が用いられ、過去帳・位牌・墓石に記され刻まれたのです。この「差別戒名」については、１９８０年代以降やっと仏教界が問題視しました。

支配下にあった女性が寺に参拝することが許されたのは、寺で聞く説教に女性の生き方があったからです。嫁が外出を赦される場所が寺でした。

「女に生まれたのは、業《ごう》が深い」と教えられ、どんな嫁として生きていくかが具体的に示されました。要約すれば、「飲む、打つ、買う夫を赦《ゆる》す嫁」であれというわけです。酒を飲み、博打《ばくち》をし、遊廓通いをするようないわゆる悪い夫でも赦す嫁がいい嫁なのです。そのうえに「舅姑に仕える嫁であれ」も含まれていました。「女の業の深さ」の理由が前世から定まっているといわれても、女性が疑問を持つ時代ではありませんでした。

女性にとっても「後生の一大事」は大切でした。寺に女性の参拝が多いのは、他の楽しみがなかった理由でもあります。女性は生家の宗派と違う嫁ぎ先の宗派に変更することさえ、疑問を持ち得ませんでした。日本人の信仰の基盤に個人ではない家の信仰に生きることが定められたのです。

戒名（法名）の歴史――近代

1868年、明治政府は仏教と神道を分離させるために「神仏分離令」を出しました。それまでの日本の宗教にみられた神祇《じんぎ》信仰と仏教信仰を融合させた神仏習合の宗教を分離させるものであり、政府は神道中心の宗教政策をとろうとしました。

それは、天皇を現人神《あらひとがみ》とし、男系の万世一系の天皇制を新たに確立することでした。廃《はい》仏毀釈《ぶつきしゃく》が起こりましたが、宗教とはしない国家神道を核にして天皇制を強化しました。それまで女性天皇も存在しましたが、『皇室典範』（1889年）により、男性しか天皇になることができないと定めたのです。

廃仏論に立つ政府に対して僧侶・農民などの護法運動が起こりましたが、1872（明治5）年ごろから寺は復活し、寺の役割は近世と同じく死者儀礼となりました。

死者儀礼と祖先崇拝をさらに強化したのが、国家を支える最小の共同体である家族を法律によって定めた家制度です。家制度は家長が家名・家督（財産）・祭祀《さいし》権を継承することになり、家長になるのは、基本的に長男ですが、日本の場合は家というかたちを継承していくために長女が養子を迎えることを認めました。天皇家の男子しか天皇になれない制度とは違って、女性が家を継ぐことができたのです。

家制度のなかで継承していく祭祀権は民法によって明確に定められました。「明治民法」第九八七条「系譜、祭具及ヒ墳墓ノ所有権ヲ承継スルハ家督相続ノ特権ニ属ス」の系譜は過去帳、家系図などを指し、祭具は仏壇、位牌を指します。墳墓は墓であり、「〇〇家之墓」が墓石に刻まれました。墓の問題は6章に譲りますが、各家が過去帳を持ち、仏壇・位牌を備えることになり、そこでは戒名が必然的に必要なものとされたのです。

家制度に伴う戒名は「あたりまえ」のこととなりました。この「あたりまえ」のことを日本人は慣習・しきたりとして継承していくのです。慣習となれば、次の代もその次の代も疑うことなく受け継ぐのです。本来の姿とは違うと分かっている僧侶も黙認してきました。家を守る家長も家族も「あたりまえ」のこととして戒名を受け入れたのです。

近代の戒名の特徴には、戦争と結びついていることがあげられます。軍人・軍属として戦死した人は、国家のために戦って亡くなったとされ、国家から顕彰され、慰霊されたのです。合祀される場所は靖国神社です。靖国神社は国家神道の中核をなす場所ですから、戒名をつけません。しかし、各家庭で祀るのは多くが仏教によるので、戒名がつけられました。

当時、靖国神社に祀られることと各自の家庭で仏教で追悼することに違和感を持つ人はいませんでした。僧侶、キリスト教者など、信教の自由に反するとして靖国神社に祀られている親族の名前を靖国神社の霊璽簿《れいじぼ》から削除してほしいと訴える運動が始まったのは、1980年代後半です。

わたしは実家の過去帳をみて、院号がつけられた法名をみつけました。その横に「太平洋戦争にて戦死」と記されています。法名に院号をつけない浄土真宗なのに、アジア太平洋戦争で兵士の戦死に院号をつけていたのです。亡くなった場所まで記されていましたが、当時まだ父はわたしの実家に入寺（実家生まれの母と結婚）していないので、その前の住職がつけたことになります。戦死が戦後に分かったなら、父がつけたことになります。住職は国家に殉じた人に対し、院号をつけなければならないと考えたのでしょう。

その時代の住職の多くが、反戦思想を持っていたとは考えられません。兵士の戦死に院号やその意味を込めた戒名（法名）をつけたと想像されます。想像の域を出ませんが、当時の戒名料が高いとは思えません。頼まれなくても住職がつけていたと思います。

戒名料が高くなるのは、戦後、しかも高度経済成長期と軌を一にしています。

戒名（法名）の歴史――戦後

高度経済成長にあわせて有名人の葬儀がテレビに映されるようになりました。豪華な祭壇に数え切れない花、大きな遺影、僧侶もひとりではありません。参列者の数も多くいます。なかには会場の外まであふれています。そんな葬儀が数多くおこなわれてきましたし、現在も有名な芸能人の葬儀はそういうかたちでおこなわれています。

島田の『戒名』で知りましたが、１９８７年に亡くなった石原裕次郎の戒名は、「陽光院天真寛裕居士」であり、１９８９年に亡くなった美空ひばりの戒名は、「慈唱院美空日和清大姉」です。その人らしさがにじみ出ている戒名であり、高そうです。芸能人や有名人の派手な葬儀は特別ですが、戒名の影響は一般の人にも及ぼしました。高いお金を出せば授かるのが戒名だからです。

石原裕次郎や美空ひばりと同じほどの戒名ではなくても、院号をつけてもらうための方法はあります。戒名が金次第といわれる所以です。実際、藤岡さんは亡くなった夫の戒名をつけるとき、葬儀社から「院号をつけますか」と尋ねられたそうです。住職からではないところがミソです。

そして、葬儀に葬儀社がかかわるようになったことは、戒名料を上げるきっかけになったと思われます。住職が直接遺族にいわなくてすむからです。寺側の思いを代弁してもらうことは、住職にとってこんなうまい話はありません。いいにくいお布施や戒名料を「お気持ちですから」「だいたいの相場はこんなものです」と濁していたのを、葬儀社は金額をはっきりといってくれるのです。

葬儀を依頼する側が提示された金額に対して、「高すぎませんか」とか「負けてくれませんか」とは絶対にいえません。弱みにつけ込んだ「商売」がまかり通るのです。他の買い物をする場合は納得しなければ、買わない選択があります。選択の余地がないようにされている戒名料のシステムは大きな問題です。

戒名（法名）をどうするのか

「差別戒名」は明らかに差別ですが、戒名そのものに差別がないとはいえません。お金がある人、社会的に功を成した人につけられる戒名とそうではない人につけられる戒名の差は、仏教が説く平等に合致するのでしょうか。まずは、仏教界が問題視しなければなりません。しかし、そのような仏教界とはとうてい思えません。

そうした戒名の問題点を指摘し、納得する戒名を実践していくのは戒名を授かる側です。葬儀社や僧侶のいいなりになっていてはいけないのです。つけてもらった戒名を納得しているのでしょうか。納得しなくても仕方がないと思っているのではないでしょうか。戒名を領解するにはどうしたらいいのでしょうか。戒名の意味を知ること、おかしいと気づくこと、自分の場合にどうするかを考えること、実践することです。

まず、戒名について知りたいと思う人がいないことが問題です。家族のなかで死者が出たとき、そのときの戒名に文句があった人がなぜそのまま黙っているのでしょうか。文句はいうけれど、いっていく場所がないからです。まさか寺へいうわけにはいきません。その文句は次回に活かすべきです。葬儀が終わり、あれだけ文句があり、不満に思っていたのに、次回はすぐに来ませんし、一周忌が来る頃には忘れているのが通常でしょう。

戒名について、文句が出ないようにすることができます。仏教界を変えることなく、個人の考えを変えることによって納得できるようにすることができます。いろいろな方法があると思いますが、まず、何に文句があったかというところから始めましょう。

たいていは「高い戒名料」です。そして、その人の人生に相応しくない戒名に腹が立つのです。戒名とは何かを知ることです。戒名は亡くなってからのものではないと分かったら、次に戒名を生きているときに授かるようにしましょう。得度までする必要はありません。檀家制度のなかにいたら、檀那寺の僧侶に相談し、生前に授けてもらうことをお願いしましょう。

嫌がるような僧侶でしたら、檀家を離れたらいいでしょう。離れるにあたっていろいろお金を取られたり、寺の敷地内に墓でもあれば墓終《じま》いをしなければならないかも知れませんが、それも一時のことです。将来にわたって納得する戒名の問題が解決するのです。子や孫の代にまで影響することを考えたら、そういう寺にしがみついている必要はまったくありません。

檀家制度のなかにいなかったら、自分が気に入る僧侶を探すしかありません。僧侶を探すのは、案外大変かも知れませんが、この頃はインターネットもありますし、いろいろな人に聞けば、僧侶の知り合いは案外いるものです。わたしだって僧侶です。寺には住んでいませんが、そういう相談はいつでも受けますし、受けたいと思っています。

また、戒名をいらないと思えば、俗名のままでいいでしょう。僧侶を呼ぶ葬儀をおこなうとき、それに文句をいう僧侶でしたら、それもまたその僧侶を頼まなかったらいいと思います。葬儀社が紹介した僧侶なら、俗名のままで領解する他の僧侶に変えてもらえばいいでしょう。わたしは俗名のままで何も問題はないと思います。

自分の名を生まれたときに自分自身でつけることはできません。自分の人生を振り返りながら、一度自分の名をつけてもいいと思います。わたしが得度したのは40代のときでした。70代になった今なら別の法名をつけると思います。自分の人生を振り返ることができる年代です。ある程度長生きしたら、そのときにつけたい人はつけたほうがいいかも知れません。

自分でつけた戒名を必ず、葬儀を担ってくれる人に伝えないといけません。これもまた、普段からの話し合いを必要とします。何度も書きますが、生きているときにどんな人間関係をつくっていくかがほんとうに問われてきます。

友引

火葬場は今でも友引の日に休業するところがあります。つまり、葬儀がおこなわれないことを意味します。通常は葬儀のあとに火葬をするからです。

「友引」とは六曜に則っています。六曜が今なお信じられておこなわれていることが、わたしは理解できません。六曜とは六輝《ろっき》や宿曜《すくよう》ともいいますが、もともと中国でつくられ、日本に伝わったのは14世紀の室町時代です。現在の六曜のかたちになったのは19世紀の初頭です。先勝・友引・先負・仏滅・大安・赤口をいい、それぞれの意味は次のとおりです。

先勝――「先んずればすなわち勝つ」、万事に急ぐことがよいとされます。

友引――もともとは「留引《ゆういん》」を「ともびき」と読んだため、「友を引く」ことになりました。もとの「留引」は、現在あることが継続・停滞することをいい、よい事象なら継続を、悪い事象なら対処するという「状況を推し量り行動する日」でした。現在は葬式をおこなうと、友が引き寄せられて死ぬという俗語となりました。

先負――「先んずればすなわち負ける」の意味。かつては「小吉」であり、吉日とされていました。万事に平静であることがよいとされ、勝負事や急用は避けるべきとされています。

仏滅――「仏も滅するような大凶日」の意味。これをすべてが虚しいと解釈して「物滅」と呼ぶようになり、「物」に「仏」の字があてられ、六曜のなかでもっとも凶の日とされ、婚礼などの祝儀を忌む習慣があります。

大安――「大いに安し」の意味。六曜のなかでもっとも吉の日。成功しないことはない日とされ、とくに婚礼は大安の日におこなわれることが多いです。

赤口――六曜のなかでは唯一名称が変わっていません。午《うま》の刻（午前11時頃～午後1時頃まで）のみ吉、それ以外は凶。「赤」がつくので、火の元、刃物に気をつけるとされています。

ここで問題になる友引も元の意味からはずれ、「友が引き寄せられて死ぬ」と捉えられていて、悪い意味に考えられています。

そのうえに、この六曜のふりわけ方法をみていくと、まず旧暦でおこなうことが条件です。１か月の基本を30日とします。旧暦1月と7月の朔日《ついたち》（一日）は、「先勝」から始まり、

2月と8月の朔日は「友引」から、3月と9月の朔日は「先負」から、4月と10月の朔日は「仏滅」から、5月と11月の朔日は「大安」から、6月と12月の朔日は、「赤口」から始まります。

例えば、2018年でみると、旧暦1月1日は2月16日になります。その日が「先勝」です。旧暦2月1日は3月17日なので、その日が「友引」です。旧暦3月1日は4月16日ですから「先負」となります。ちなみに旧暦2月は30日までありますす。実際にこうしてあてはめていけば、順に5月15日（旧暦4月1日）が「仏滅」、6月14日（旧暦5月1日）が「大安」、7月13日（旧暦6月1日）が「赤口」になり、旧暦7月1日がまた「先勝」から始まるのです。

こうした仕組みを知ると、六曜の意味が迷信・俗信であることが明快です。気づいた人からやめればいいのですが、まだまだ世間には六曜に従っている人が多くいます。

先日、テーブルセットを買った若い人が、いつ運んでもらうかを決めるのに、家で待っている日が都合のいい日なのに、その日は「仏滅」だからやめたと聞きました。学生も「大安」に結婚したいといいます。学校で教えられることではないので、家庭でいい伝えられるのでしょう。

六曜がいまだに使われ、実際に火葬場が休業となっていることを変えるのは、大変です。

六曜が迷信なので、いずれなくなってほしいと思っています。

死の穢《けが》れ

友引が日本的解釈をされるようになったことや、現在でもおこなわれている「喪中ハガキ」や一部で残る「清め塩」や病院の病室や駐車場に「4」の番号がないのは、死を忌避するところから来ています。その淵源《えんげん》は死が穢れとされたことです。

もともと死は穢れではありませんでした。

生が終わる意味づけを大昔の人たちがしていたことは理解できます。昨日まで元気だった人が突然息をしなくなり、冷たくなります。しばらくしたら腐っていく状態を意味づけるところに宗教が生まれました。亡くなる状態を悲しみとか不安とか恐れなどと感じた人々が、また生まれ変わってほしいという期待を込め意味づけました。「再生」の意味です。再生の願いを込めたから、そのための葬送をおこなったのでしょう。わざわざ割った物を置いたり、土偶にはお腹の大きい女性の姿をしたものなどをいっしょにして葬ったのは、「再生」の願いが感じられます。

そうした意味を持っていた「死」に9世紀半ば、穢れの意味づけがなされました。死だけではなく、女性の月経・出産も同じ意味づけがなされました。死が生の反対であり、月経・出産が男性にはないことを畏怖とした結果です。10世紀初期につくられた『延喜式《えんぎしき》』には「人の死は卅日《さんじゅう》に限り、産は七日」「宮女懐妊せば、散斎の日の前に退出す。月事有らば、祭日の前に宿廬《しゅくろ》に退下し」と記され、人の死は30日間穢れるので、祭祀や祭日に参列することができないというのです。出産や月経も同様なことがいえるというのです。

「死葬に触れし人は、神事の月に非ずと雖も、諸司並びに諸衛の陣及び侍従の所等に参著することを得ず」と、月経や出産は神事の月以外は席をともにすることができますが、死葬に触れた人は神事の月以外も席をともにできないほど、穢れが強力であることをいいます。

また、「甲の処に穢有り、乙、其の処に入るは、乙及び同処の人は皆穢と為す。丙、乙の処に入るは、只だ丙一身の穢と為す。同処の人は穢と為さず。乙、丙の処に入るは、人皆穢と為す」といい、ある場所に「死葬に触れた人」がいると、そこに入る人はみなが穢となるというのです。その次に穢となった人のところに入れば、その人だけが穢となり、元のところで穢となった人が3番目の人がいるところに入ると、みなが穢となるのです。つまり、最初に穢となった人がいるところと、その人から穢を伝染された人の穢は同じ場所にいる人がみな穢となるというのです。死穢がいかに強力であるかをいっています。

現在もなおそれが発揮される場所こそ、天皇家です。1943（昭和18）年から2001年まで皇室の賢所などに勤めた髙谷朝子が天皇家での生活を記した『宮中賢所物語』（ビジネス社）に死の穢れを詳しく記しています。身内の死の報せを受けたところから次のように述べています。

直接に死去の報せを受けた時には、その時から「穢れ」となり、賢所の中を動き回ることができませず、畳を穢さないために新聞紙などを敷いてもらって、その上を歩いてお玄関に近い場所まで行きます。自分で部屋に戻って下方の着物を出すことができませんので、他のお方様に揃えてもらい、着替えを致し、すぐさま賢所から退出します。

報せを受けた時に着ていました衣類は、もう穢れて着られません。すべて別包みにして処分します。

触穢《しょくえ》として死の穢れが伝染することをいっています。そして、穢れとされた死を忌避することになっていきました。忌避は、排除となります。月経中や懐妊中の女性が宮廷儀礼から排除されることも同様です。

仏教は基本的に死の穢れをいいません。しかし、平安仏教（比叡山・高野山）が「女人禁制」を定めたときの理由に、女性の穢れをいっています。それも、具体的な月経とか出産時の女性を穢れとするのではなく、女性そのものを穢れと決め、結界門や結界石をつくり、女性の立ち入りを禁止したのです。修験道も女性の穢れを理由に「女人禁制」を定め、現在でも奈良県の「大峰山」（山上ヶ岳）は「女人禁制」です。

服忌令《ぶっきりょう》

1864（貞享元）年、江戸幕府は「服忌令」を定め、公布しました。この「服忌令」の目的は、「幕府の身分階層秩序の維持強化と幕府の権威づけにあり、中国儒教の喪服制度に倣って制定された」（馬場ゆみ「近代における月経観と女性の身体認識」世界人権問題研究センター『紀要』第20号）ということです。

そこに決められた「穢の事」のなかの死穢は、「行水次第」となっています。つまり、死の穢れの期限は決めませんでしたが、服喪日数はきちんと決めています。父母が亡くなった場合は13か月、忌引日数が50日となっています。その間、出仕できず、祭ごとや神事をおこなえないと定めました。まずは武家社会でおこなわれ、次第に庶民にも広がっていったのです。幕府が儒教を取り入れたことによってです。

近代になり、「服忌令」が1874（明治7）年に新たに公布されました。それによると、父母の死亡で忌日が50日であり、服喪日数は13か月です。以下、主な関係の忌日数と服喪日数は、夫は50日と13か月、妻は20日と90日、息子（嫡子）は20日と90日、その他の子どもは10日と90日、養子は10日と30日、兄弟姉妹は20日と90日、祖父母（父方）は30日と150日、祖父母（母方）は30日と90日、その他、養父母、おじ・おば、夫の父母（30日と150日）、曾祖父母が定められていますが、最後に妻の父母は「なし」です。夫婦、子どもにも差があるように、後に制定される家制度下における家族関係が明らかです。

この規定により、前述した髙谷朝子は、「服忌令」に従って「期間中は賢所に上がることができませず、実家で過ごします。期間が明けた翌日に「ぶく上がり」を致します」と記しています。髙谷は「忌服令」と記しているので、「ぶく上がり」といったのだと思います。そして、何度も風呂に入り、シャンプーなどをして、それでも2週間は内陣の大事な用事はできないといいます。やっと用事ができるのは清めてから15日目だそうです。

「喪に服し終えて、賢所の外で庭園のお湯殿でお湯をかからせていただいてお清めをし、口を清め、髪を清め、賢所に戻らせていただいて、さらに二度お湯をかかり、二度髪を洗い清めまして、おしろものでお清めさせていただきます時、淋しく悲しくて信じられない身内との別離も癒えてゆきましてございます」としているのは、天皇家における死の穢れがいかに強力なものかを知ることができます。

喪中ハガキ

「服忌令」は1947年に廃止されていますしかし、喪中という考え方は今でも残っています。それが喪中ハガキです。喪中ハガキは、年賀状を欠礼する意味で出します。この1年間に身内が亡くなったので、喪中であり、年賀状を出さない知らせです。

年賀状そのものが定着したのは、1880(明治10)年代です。喪中ハガキを出した最初は、皇室の大喪に対し官吏(役人)が出したものでした。喪に服すことをきちんとおこなう天皇家ならではのことです。天皇家は現在でも喪に服すことがおこなわれています。2016年10月に亡くなった三笠宮の喪に服すため、三笠宮家の関係者は2017年正月の一般年賀に出ませんでした。

喪に服すことがないわたしたちは、習慣というだけで喪中ハガキを出しています。つれあいを亡くしたわたしは喪中ハガキを出しませんでした。喪に服さないわたしに喪中ハガキは意味がありません。1月1日に届くよう年賀状を出しました。つれあいの死を伝えたい人には、年賀状にそのことを書き足しました。つれあいを亡くしたことを知っている友人が、あわてて年賀状を出したそうです。わたしからの年賀状は来ないと思っていたからです。1月3日には、東京の島さんが来てくれたので、奈良の友人たちといっしょに飲み会でした。お酒を飲み、肉や魚を食べました。

30年前に父を亡くしたときも、喪中ハガキを出しませんでした。わたしたちは、世間がおこなっていることを習慣やしきたりとして「あたりまえ」とする傾向があります。それに倣っておこなえば、だれからも文句は出ません。しかし、その意味を少し考えたほうがいいこともあります。

そのひとつが喪中ハガキです。喪に服す人はやればいいでしょう。しかし、すべての人が喪に服すわけではありません。身内の死をどうしても知らせたければ、年賀状に書けばすむことです。ほんとうに身内の死を知らせたい人には、すでに知らせたはずです。

身内の死は、特別です。そのことを否定しようとは思いません。ただ、世間でおこなわれていることを大勢に流れるかたちでおこなうことを、立ち止まって考えてもいいのではないでしょうか。もちろん、どうしても喪中ハガキを出したい人を否定するつもりはさらさらありません。

5章　遺骨はどこへ

引き取り手のない遺骨

２０１６年12月31日の「朝日新聞」第一面の大きな見出しが「引き取り手のない遺骨倍増」でした。次の行には「親族拒み、自治体が保管する例も」であり、１年の締め括りの日のトップニュースとしては寂しい記事です。記事によると、「朝日新聞」が全国の20の政令都市を調べた結果、２０１５年度は10年前の２倍に迫る計７３６０柱を自治体が引き受けたということです。そのなかには身寄りがいても引き取らないケースがあるというのです。

日本では、死者の火葬を担う人がいなかったり、分からない場合は、死亡した場所の市区町村が「墓地埋葬法」により火葬すると決められています。しかし、火葬後の遺骨の取り扱いを規定した法律はありません。だから、自治体は火葬にはしたものの増え続ける遺骨の取り扱いに苦慮しているのです。

2015年度の最多の遺骨数は大阪市であり、2999柱です。次いで横浜市が979柱、名古屋市が607柱、神戸市が425柱であり、東京23区は899柱です。都市に集中していることは確かです。神戸市は遺骨の保管に困り、5年の保管期間を経て合葬しています。

その合葬で市幹部が「家族に見守られずに亡くなられた方々であり、その深い悲しみの前には慰めの言葉もありません」と式辞を述べたそうですが、家族に見守られたいと思って亡くなった人も確かにいるでしょう。しかし、はたしてすべての人がそうでしょうか。

東京のNPO「山友会」は台東区内の寺院に合葬墓をつくりました。「死後のことが不安な人たちに「死んでもつながりは続く」と思ってほしい」と話していますが、死後もつながりがほしいと思っている人ばかりではありません。生きるなかでつながりを自ら断った人が死後にもつながりを持ちたいと思っているとは考えられないです。すべての人が死後もつながりたいと思うのは、違う人もいるという配慮に欠けるのではないでしょうか。

実際、わたしは死後のつながりを求めてはいません。「死」は、その意味では既述しましたが、「独生独死」であり、現世とつながりを断つ意味がありますし、ひとりになったわたしは死に臨んでだれかに見守られなくてもいいと思っています。これからいつまで生きるか分かりません。その死に方も分かりません。わたしがだれかに見守ってもらって死ねるかどうかはまったく見当がつかないのです。まして、死後のつながりを持ちたいとは思っていません。

独居生活を送っている人は多くいます。厚生労働省が発表した「国民生活基礎調査の概況」（2016年7月）によれば、2015年度65歳以上の単独世帯は26・3％に及びます。世帯の調査なので、なかにはわたしがそうだったように、つれあいとわたしはそれぞれが世帯主として生活をともにしていたので、二つの単独世帯が、一つ屋根の下で生活をしていたことになります。わたしのような例は少ないとは思いますが、それでも今後、友人同士で生活をともにするなど、家族の形態の変化が予想されます。

65歳以上の高齢者は4人に1人が単独で生活していることが分かります。そのなかには、家族がいないので仕方なくひとりで生活している人、家族がいてもともに暮らしたいと思わない人、ひとりは嫌だけど独居を強いられている人、自らひとりを選んだ人など、それぞれの事情は人によって異なります。ひとくくりにすることには、問題があるでしょう。

遺骨は貧困ともつながっています。JR、私鉄での忘れ物に遺骨があると聞きます。JR西日本に問い合わせたところ、こういう質問をする人がいないせいか、対応がしどろもどろでした。

源　「忘れ物に遺骨があると聞いたのですが、教えていただけますか」
担当者「詳しいことはいえませんが、ないことはないです…」
源　「それでは、あるということですね。年間の件数は分かりませんか」
担当者「なかには取りに来る人もいるのですが…」
　ほんとかなと思う発言です。
源　「ほんとうに取りに来る人がいるのですか？」
担当者「……」
　やはり取りに来る人はいないとみて差し支えないようです。
源　「取りに来ない人の遺骨はどうするのですか」
担当者「取りに来ない人の遺骨は警察に渡すので、詳しいことは警察に聞いてください」

「遺失物の骨壺には共通点が多い。戒名札や火葬場を特定できるような包みが取り除かれていることです。千葉、埼玉両県警の管轄内で「遺失物」として処理された遺骨は２０１３年１月から２０１５年８月までで21件。年々増えつつある状況にあるなか、千葉県警は４年前、埼玉県警は３年前から落とし物の項目に新たに「遺骨」の分類を作った」(http://www.news-postseven.com/archives/20150909_348977.html) という記事になるほどに遺骨の忘れ物が多くなっているのです。遺骨の忘れ物は確信犯です。遺骨の処理に困り果てた人の最後の手段です。交通会社が警察に渡し、警察がその遺骨を丁重に扱ってくれることを知っているからでしょうか。

週刊誌『女性セブン』（２０１７年２月16日号）の「コインロッカーに捨てた愛、拾った愛」の見出しに目がとまり、本屋で中身を斜め読みし、買ってしまいました。妻の遺骨をＪＲ東京駅のコインロッカーに捨てた74歳の男性が死体遺棄容疑で逮捕された話が載っています。

遺骨をコインロッカーに捨てたのは２０１６年９月30日、逮捕されたのは２０１７年２月13日です。男性は容疑を認め、「別の女性と一緒に住むことになり邪魔になった」と供述しているそうです。逮捕された男性の妻は２０１４年８月に病死し、火葬後の遺骨を自宅で保管していたとのことです。男性は、骨壺に妻の名前や死亡年月日を記していたので、逮捕となったのです。

週刊誌の記事には、この男性のみではなく、68歳の男性が妻の遺骨を近所のスーパーの男性用トイレの便器内に捨てた（2015年5月）話、60歳の男性が父親の遺骨を川に捨てた（2011年8月）ことが記載されていました。身近な人が亡くなり、遺骨の処理に困った果てに遺棄した例です。

また、大都市の大霊園に同じ苗字の墓を探し、そこに納める人がいると知人から聞きました。その利点は、遺骨を納めた人もときには墓参りができるのです。また、その墓の所有者が墓参りをするときには同じように供養してもらえると思えるし、その墓の持ち主は次の死者が出るまで開けることはありません。次の死者が出て、遺骨を納めるときに、自分のところとは違う遺骨が納められていて驚くでしょうが、墓を管理しているところへ持っていけば、無縁墓に埋葬してくれます。

この話を聞いたとき、「同じ苗字の墓を探すことができない人、わたしみたいに源という少ない苗字の人はどうするの？」と質問したら、「その場合は、どこでもいいんだ。墓石の裏をみてなるべく新しい死者の年月日を選び、そして老夫婦ふたりの名が刻んであれば、次の死者が出るまでの時間が長いと計算できるだろ」との答えに、その場にいた全員が大笑いしましたが、心底から笑える話ではありません。遺骨の処理に困り果てる人がいることも事実です。貧困のせいですが、他のゴミと同じ扱いができないと考えるからです。やはり、遺骨は特別なのです。

遺骨収集ということ

2016年11月20日の「朝日新聞」は旧日本軍将兵の遺骨約7000柱がソロモン諸島のガダルカナル島に取り残されており、今もなお収骨活動が続けられていることを記しています。ガダルカナル島での戦闘に加わった旧日本軍の将兵は約3万1400人であり、そのうち2万2000人が戦死しています。これまでに遺骨が収集されたのは、1万5000柱余りです。残り約7000柱は今も取り残されたままです。

収集された遺骨は身元不明が多く、千鳥ヶ淵戦没者墓苑に納骨されています。身元が分かれば、靖国神社に合祀《ごうし》されるでしょうが、遺骨から身元を割り出すのは並大抵のことではありません。

日本の遺骨収集にかかわったのは、厚生省（現在は厚生労働省）でした。1952年の「サンフランシスコ講和条約」発効後から南方作戦地域（東南アジア・南太平洋）において開始されました。「朝日新聞」によれば、日本の海外戦没者２４０万人ですが、１１２万７０００人の遺骨が未収容だといいます。

２０１６年４月には「戦没者の遺骨収集の推進に関する法律」が議員立法によって施行されました。これは、２０１６年度から２０２４年度までの集中実施期間において、①２０１７年度までに情報の収集に集中的に取り組むこと、②外務省、防衛省その他の関係行政機関との連携協力を図ること、③厚生労働省の指導監督の下、指定法人が民間団体等の協力を得ながら、遺骨収集を実施すること等について定めています。政府がやっと動き出したのです。遺骨に対して、丁重に扱う日本人としては、取り組みが遅れています。

一方、アメリカではどうでしょうか。アルピニストの野口健はブログで「日本人のなかには、「遺体は丁重に扱う」という哲学があると思う。たとえば私の経験でいうと、エベレスト登頂において仲間を失う事態になったとき、８０００ｍを超す山での遺体収容はかなり困難で、欧米人は遺体を放ったらかしにする。彼らにとっては「あれはただのボディ」、つまりモノにすぎないというわけだ。しかし日本隊だけはいつも、遺体収容に最大限の努力をはらう。ところが不思議なことに、戦没者の遺骨収集となると、この姿勢が逆転する。アメリカは現在、第二次世界大戦、朝鮮戦争などで行方不明となっている兵士の捜索、遺骨収集に年間約55億円もの予算を充てている。55億円というと、戦後から今日に至るまで日本国が遺骨収集にかけた総額だ（！）。さらにアメリカは、硫黄島にあるたった一体しか残ってない米兵の遺骨を、いまだ探索している」（２０１０年）と記しています。

アメリカの遺骨収集を取材した池田祥子は、「志願制の軍を持つ米国にとって、国外で命を失った戦士の遺骨収集は文字通り国の責務だ。活動にあたる米兵も『「仲間」を置き去りにしない』と断言した」（「関西の議論」２０１５年）と記しています。

日本政府が積極的ではないため、日本は民間の協力（日本國戦死者遺体収容団、日本遺族会、ＪＹＭＡ日本青年遺骨収集団、空援隊、戦友会の全国ソロモン会や東部ニューギニア戦友・遺族会などのＮＰＯや民間人）に頼らざるを得ませんでした。国の責任の果たし方の相違をみせつけられます。

アメリカは個人の責任で登るエベレストでの遺体を「タダのボディ」と捉え、戦争は国の責任でおこなったから、遺骨収集も国の責任というわけです。日本政府の対応は、国の責任の自覚がなさ過ぎます。

6章　お墓を考える

火葬場

つれあいの火葬の場合、火葬場は車で約40分ほど走った山の上にありました。何台もの車が駐車しているので、死者の多さが知れました。3時に一つだけしかあいていないと葬儀社がいった意味が分かりました。火葬場に到着したとき、火葬された人を見送った人の多さにもかかわらず、あまりの静けさに感慨深かったものです。はじめて行った場所でしたが、何かしら厳粛な気持ちにさせられました。

火葬場の建物のなかへ入ったとき、思い出した本があります。井上理津子の『葬送の仕事師たち』（新潮社、２０１５年）でした。その本には葬儀社の人の仕事も書いてあるのに、葬儀社の人と会ったときにも葬儀会場に行ったときにも、彼女の本をまったく思い出しませんでした。なぜか火葬場で思い出しました。

その仕事の知らない部分に驚嘆したことがその原因かも知れません。彼女は火葬場で働く人から直接話を聞くことはいうまでもなく、火葬炉の裏側「火室」までみせてもらっていました。スイッチひとつで仕事が終わると思っていましたが、まったく違っていたこともわたしが知らないことであり、その話は強くわたしの心に残りました。

「最初の十分ほどで棺が焼けて、ご遺体がむき出しになります。バーナーが頭の上にあるので、先に頭部の方から火葬が進むんです。炉の中を火が回りますが、下半身のほうの火はどうしても弱いので、頭の側にある小窓からデレッキ（長い鉄の棒）を入れて、ご遺体の下に当てて、手前に持ってくるんですね」と具体的に書かれていました。

この仕事についたばかりのときの話は強烈です。「この仕事についたばかりの頃は一種のショック状態に陥りました。通勤途中の車の中からどんなに若くて美しい女性を見ても、その人の体が表皮から次第に焼けただれていく様子が頭に浮かんで仕方なかったです」という箇所を読んだとき、なかなか寝つかれなかったことも思い出しました。

井上さんのライターの仕事には頭が下がります。

つれあいと元気なときから話し合ってきたのは、お互い、どちらが先に逝っても相手の骨を拾わないということでした。親鸞は「某《それがし》親鸞閉眼せば賀茂河にいれてうほにあたふべし」（覚如『改邪鈔《がいじゃしょう》』）と、自分が亡くなったら、遺体を賀茂川に流して魚に食べさせよというエピソードをふたりとも領解し、遺体や遺骨の意味を親鸞の考えに沿って考えていました。だから、「骨を拾わない」のは、ふたりの間での約束事でした。ただ、つれあいがわたしにいったのは、つれあいの親族や関係者が「拾う」といったら好きにさせてほしいということでした。それはあたりまえのことです。拾いたい人は拾えばいいのです。

わたしはその考えをわたしの関係者にすでに伝えています。弟は、「実家に親鸞像を建てたとき、お骨をすごくたくさん入るようにしたから、拾って入れてやるよ」といい、母は、「わたしは歳をとっていて京都まで行けないから拾えない」と答えました。

親友は、「少しだけ拾って、わたしの机の上に置いておく」と答えました。好き勝手にしてくれたらいいとわたしは思い、親友には、「机の上に置いといたら、あなたが亡くなったときにそれをみた人が困るよ」と忠告しました。

遺骨に意味を見出せない、見出さないつれあいとわたしです。

遺骨を拾わないという考えに至ったのは、ずいぶん前のことです。関西では全部の骨を拾うことはありません。その場で残りのお骨がどんな処理のされ方をするのかを聞いたことがあります。そのときの回答が「果樹園にまかれ、肥料になるんです」とのことでした。わたしは、それなら拾った残りだけではなく、果樹園に全部撒かれたらいいと思ったのです。

親鸞の考えと果樹園に撒かれるという二つのことによって、わたしは骨を拾ってもらわなくてもいいという考えに至ったのです。だから、当然、墓もいらないことになります。

藤岡有希子さんの夫のお墓

藤岡さんは、葬儀や墓について息子さんに任せました。墓はいらないといっていた夫が生前、「故郷の海に撒いてほしい」といっていたので、藤岡さんは、火葬場で自分が持ってきた封筒にその分だけのお骨を入れました。後に家族がみんなで海に撒きましたが、息子さんの考えは墓を建てることでした。葬儀のときの僧侶は葬儀社が手配した人でしたが、その後、夫の実家の寺から紹介された寺と関係を持つことになりました。

その僧侶に戒名をつけてもらっていたら腹も立たなかったかも知れないとあとで思いま

墓代

	藤岡有希子さん	山野映子さん	島 桃子さん	源 淳子
墓地	1,735,800円	400,000円		
墓石	150,000円		1,126,000円	
その他	113,000円	200,000円	86,400円	
合計	1,998,800円	600,000円	1,212,400円	0円

仏壇代

	藤岡有希子さん	山野映子さん	島 桃子さん	源 淳子
仏壇	1,200,000円		40,000円	
位牌	216,000円	12,725円	20,000円	
その他	110,000円			
合計	1,526,000円	12,725円	60,000円	0円

したし、僧侶からは変更が可能といわれましたが、そのときはすでに墓石に戒名を刻んでいました。結局、その戒名で諦めることにしました。戒名の意義をたいそうなこととして認めないということで落ち着いたからです。

息子さんが墓地として選んだのは、その寺の境内地です。墓地代173万5800円、墓石代15万円でした。金額をみて驚いたそうですが、相場を知るとそんなものかなとなったそうです。一周忌法要に間に合うように墓を建てたので、そのときに開眼法要、納骨、法要代、お布施などを含めて11万3000円を要したとのことです。

藤岡さんいわく、「立派なお墓よ。いつも墓参りができるわけではないので、バスで通るとみえるので、そのときに心で手を合わせているの」と。どんな立派なお墓か一度お参りに行きたいのですが、まだ実現していません。

寺の境内地に墓をつくることは、寺側からすると、檀家になったと認識します。しかし、藤岡さんには檀家になった思いはないのです。四十九日法要が終わると、寺から初盆の案内、卒塔婆の案内など一年の行事が次から次へ知らされました。藤岡さんは戸惑いました。「こんなはずではない」と。なかなか断れないし、断ろうと思っても、その理由が見当たらないのです。また、断ってはいけないような気もします。「息子がしているみたいだけど、わたしはそこまでしたくない」と話します。

家にも仏壇を備えたので、寺が月参りをするのが当然となりますが、それは断ったそうです。四十九日法要に間に合うよう仏壇を買いました。120万円でした。仏壇は開眼法要がつきものです。四十九日法要とあわせておこなわれましたが、開眼法要だけに限ると、2万円を出しています。藤岡さんは、「亡くなった夫はここまでするとは思っていない」といいますが、息子さんの思いは親とは違うところにあり、藤岡さんは息子さんに任すと決めたので、口をはさむことを遠慮しています。

その仏壇についても藤岡さんは契約書をみせてくれました。仏壇の本体96万5０００円、諸の具足55万７８１８円であり、合計が１５２万２８１８円です。そこからサービスしてもらったので、支払ったのは１２０万円だったそうです。その差額は32万２８１８円であり、その金額がサービスだと分かります。32万円あまりのサービスをすることの意味は何だろうと考えざるを得ません。１５０万円あまりの買い物で30万円以上のサービスをすることがあるのでしょうか。元の値段がいかようにもなることを示唆しているのではないでしょうか。

ちなみに、位牌だけは21万６０００円となっています。

山野映子さんの夫のお墓

山野さんは、夫が亡くなったあとに、夫が墓地を用意していたことを知りました。まったく聞かされていなかったので驚いたといいます。その墓地は懇意にしている寺の近くであり、場所としては車に乗らない山野さんにとっては不便なところです。寺から「ご主人はここの墓地に埋葬され、奥さんはご自分の実家でお骨を入れてもらわれたらいいでしょう」といわれたというのです。こういう場合は、寺でも夫婦別墓を提唱するのです。

山野さんはクリスチャンですが、夫といっしょに入ることを考えて、インターネットで調べました。NPO法人「エンディングセンター」を知っていたので、自宅の近くでおこなわれていないかを調べたら、近くにあることが分かり、そこに申し込みました。エンディングセンターの桜を墓標とする樹木葬墓地に、夫が亡くなってから8か月ぐらい経った日に埋葬しました。

1990年、井上治代がNPO法人として立ち上げたエンディングセンターがおこなっている新しい埋葬の仕方です。「桜葬」といい、「石碑にかわり桜の木を墓標とし、遺骨を土に還す墓地」であり、「桜葬墓地は、シンボルツリーの桜をいくつかの区画が共有し、桜の下にともに眠る集合墓です」とインターネットの紹介にあるように、桜の木の下に眠るというイメージでつくられています。

金額は、ひとり40万円です。ふたりなら60万円となるので、彼女は2人分で申し込みました。ただ、生きている間は、「環境保全費」として、契約区画毎に月300円の環境保全費を支払うことが条件です。それも亡くなったあとは、家族の負担がなくなる仕組みです。残される家族に負担を強いることはありません。

島桃子さんの両親のお墓

島さんは、母親を亡くしたときに父親がいっさいを取り仕切り、墓も仏壇も購入していました。あとから聞いたら、墓地は島さんが中学生のときに父母が購入していたとのことです。墓石は母親が亡くなったときに父親が建てており、112万6000円でした。母親の葬儀は俗名のままでしたのに、戒名が刻まれていたといいます。すべて父親がしたことで、相談もなかったそうですが、相談されても関心がなかったので父親に任せたと思うというのです。

父親の納骨は亡くなってから5か月後におこない、そのときは葬儀社にお願いしたといいます。8万6400円かかったとのことです。その内訳は埋葬手数料3万2400円、卒塔婆建て2万1600円、彫刻料3万2400円でした。僧侶には読経をしてもらっていないそうです。

そのあとの四十九日法要や一周忌やその他もろもろについては、長女の島さんは関知せず、関心を持っている妹さんにすべて任せています。

母親の七回忌と父親の三回忌には霊園併設の寺の住職に読経を頼んだそうです。島さんの父親の宗派は日蓮宗ですが、そのときの読経は宗派にかかわらない一般的読経ですから、日蓮宗でも可能だといわれたといいます。ほんとうにこれでいいのかと、わたしは思いますが、宗教に関心がないというのは、それですますことができるのです。島さんは関心がなく、妹さんがやってくれたからそれに従ったのです。自身が主催者となったら、はたして彼女はどのように仕切ったのでしょうか。

お墓があるので、一周忌、三回忌など、妹さんの主導で行事をおこなうときに墓参りをしているといいます。

島さんは、母親が亡くなってしばらくしたある日、実家に行って驚きました。ものすごく立派な仏壇が一部屋の多くを占めていたのです。父親にいくらしたか尋ねたら、300万円はしたようです。何の相談もありませんでしたし、父がひとりで決めて購入したことなので、仕方なかったというのです。

島さんにしたらもったいないという気持ちがありました。父親が亡くなったあと、家を処分するとき、その仏壇をどうすることもできず、いっしょに処分したのです。

「千の風になって」の思い

2001年、「千の風になって」が発売され、大流行しました。アメリカで話題となった詩「Do not stand at my grave and weep」を新井満が日本語に訳し、自ら曲をつけたのです。新井満をはじめ多くの歌手が歌っています。

私のお墓の前で　泣かないでください
そこに私はいません　眠ってなんかいません
千の風に
千の風になって
あの大きな空を
吹きわたっています

秋には光になって　畑にふりそそぐ
冬はダイヤのように　きらめく雪になる

朝は鳥になって　あなたを目覚めさせる
夜は星になって　あなたを見守る

私のお墓の前で　泣かないでください
そこに私はいません　死んでなんかいません
千の風に
千の風になって
あの大きな空を
吹きわたっています

千の風に
千の風になって
あの大きな空を
吹きわたっています

あの大きな空を

吹きわたっています

わたしは最初からこの歌に違和感を抱いていました。

この歌が流行ったのは、「死者とつねにつながっていたい」という気持ちが日本人にピッタリだったからです。そこにわたしは違和感があったのです。墓がそもそもその意味を持っています。遺骨を納める場所であり、そこに参ることは死者とのつながりを求めるからです。

しかし歌は、死者は墓で眠っておらず、「千の風になって　あの大きな空を　吹きわたっています」。そして、「秋には光になって　畑にふりそそぐ　冬はダイヤのように　きらめく雪になる　朝は鳥になって　あなたを目覚めさせる　夜は星になって　あなたを見守る」となり、「天国の○○さん、見守ってください」と同じつながりです。「天国」は問題がありますが、死者とつながりたいという日本人の気持ちを表しています。だから、あれだけ流行ったのであり、多くの人が歌ったのです。

なかには、遺骨が埋葬されているから、「そこにわたしの大切な人がいる」と思って参る人もいるでしょう。完全な墓無用論にはなりませんが、そう受け取った人がいて、歌が流行した当時、墓参りをする人が少なくなったという報道があったと聞きました。どれほどの人が墓参りをしなくなったかの統計がないので、ほんとうかどうか疑わしいところです。

死をどう捉えるかの問題にかかわります。

わたしは、親鸞と恩師信楽峻麿先生の考えを踏まえます。これまで人間が考える死の捉え方には「死しても来世には何かに生まれ変わると考えること」があり、それは、「草葉の陰から見守る」の発想になるといいます(『歎異抄講義I』法蔵館)。しかし、信楽先生は、仏教、親鸞の死の捉え方は違い、仏教は、「すべてが無常にして変化してやまないものであるという事実について、深く「めざめ」、覚醒せよと、教えるわけです」(『同前』)と教えます。親鸞は「死後に何かがあると考えて、それをあてたよりにして死んでいくのはありません」(『同前』)と捉えるので、わたしも死者とのつながりを求めることではない死の捉え方をしたいと思っています。

「死者が見守る」ということは日本人にとっては共感しやすいですが、わたしは、死者が「見守る」とは考えられないのです。だから、つれあいが亡くなりましたが、彼がわたしを見守っているとは思えないのです。わたしの死生観です。その意味では、墓無用論になりますし、死者とつながっているとは思っていません。

以前、わたしが実家に帰り、本堂の裏の講師部屋で本を読んでいたときです。墓のほうから号泣する声が聞こえてきました。みることができないので、弟に聞いてみると、子どもを亡くしたおかあさんとのことでした。

毎日毎日墓に参り、ときには、話しかけているそうです。子どもを亡くした母親の気持ちは痛いほど分かります。そして、「そこに子どもがいます」と思えるのです。自然に墓に足が向いてしまうのでしょう。そして、亡くなった子どもとの絆はその墓がいちばん強く感じられる場所なのでしょう。そういう意味の墓を否定するつもりはありませんが、死をどう受け止めていくかが、課題として残る気がします。

わたしの周りでは墓を持っている人で墓参りをしない人はいません。みんな墓参りをしています。その回数は人によって違っても、まったくしない人はいないようです。

「千の風になって」があれだけ流行ったことを考えると、日本人が墓参りをやめても不思議ではありません。しかし、現実はそのとおりになっていません。墓がある人は春秋の彼岸、お盆に墓参りをしている人もいます。遠くに住んでいる人は年3回は無理でも、1度ぐらいは墓参りをしています。

そこに納められている人が親なら、申し訳ないという気持ちもあるのでしょうか。墓守をしてくれる人がいるなら、その人に申し訳ないという思いで墓参りをするのでしょうか。草がぼうぼうとなって隣近所の墓主に恥ずかしいと思うからでしょうか。とにかく、墓を持っている人はどんな理由にせよ、「千の風になって」とは異なる行動をしているのが現実です。

墓の宣伝がテレビでもなされているのは、墓を手に入れる人がいることを表しています。全国の墓石代は地方によって違いますが、その相場は92万～１４２万円となっています。土地代は別です。けっして安い買い物ではありません。

墓をつくることによって、「千の風になって」ではなく、墓参りをすることになっています。「そこにおかあさんはいません」「そこにおとうさんはいません」ではなく、「そこにおかあさんはいます」「そこにおとうさんはいます」なのです。墓参りをすることで、死者とつながっていたいという気持ちが起こるのでしょう。死者とつながりたいと思う人を否定はしません。

現代の墓事情

近年の墓事情では女性専用の「終《つい》のすみか」があるといいます。「朝日新聞」（２０１７年2月8日）には、随心院（京都市山科区）と京都天が瀬メモリアル公園（宇治市）と常寂光寺（京都市右京区）が紹介されています。

随心院は小野小町ゆかりの寺なので、２０１５年に納骨堂「小町堂」を完成させ、２８９基の納骨壇が設けられたそうです。永代供養料は80万～１２０万円、三十三回忌まで毎日読経してもらえ、その後は専用合祀墓へ移されます。

京都天が瀬メモリアル公園は、自分ひとりで眠りたいという希望に応えるといいます。２０１５年に「天空葬コスモガーデン」として完成しました。費用は50万円からですが、小型のプレートを選ぶ人は20万円です。

常寂光寺は、１９７９年に「女の碑の会」が結成され、その後１９９０年に「志縁廟」として完成しました。「志縁廟」は新規募集をしていないそうですが、これまで約１１００人分の位牌が並んでいるといいます。

いずれも、独身の女性です。家族に負担をかけたくないなどの理由によって選んでいますが、女性ならではの理由が明らかですし、経済的に自立した女性が多いことも確かでしょう。

「終活」の講座で女性がよく口にするのは、「亡くなってからも夫と同じ墓に入りたくない」ということです。この言葉からは痛いほどその事情を理解することができます。つまりは、生きているときの夫婦関係が影響しているのです。そして、その多くの女性は一度や二度ならず離婚を考えたことはありますが、それが実現できなかった妻たちです。

性別役割分業の意識がまだまだ強固な日本では、家事や育児などの私領域の役割は女性が担うものという「男は仕事、女は家庭」（ジェンダー）をあたりまえとしています。もちろん男性だけではありません。女性もその意識を内面化していることと第一子が生まれて家庭に入る女性が多い現実のなかで、夫との関係が悪くなった妻たちの本音です。家事や育児に専念することを最初はよしとしても、夫と対等で自尊感情を高く持ち、自らの生き甲斐を持つことはなかなか困難です。

実際、専業主婦を経験したわたしは、その気持ちがよく分かります。子どもはいませんでしたが、家事に専念し、夫の親の介護を少しやったなかで、わたしはわたしをほんとうに大切な存在と考え、自らの生を生きることがいかに困難かを知りました。わたし自身がジェンダーを内面化していたのです。そして、専業主婦の離婚がいかにむずかしいかも体験済みです。

わたしはたまたま離婚することができ、自らを大切に生きる道をみつけましたが、多くの妻たち、とくに専業主婦や経済的自立を果たし得ない妻にとって、まして子どもを連れて新しい道に踏み出すのは至難のことです。

そういう妻たちが、死んでからも夫といっしょの墓に入ることを拒否するのです。こういう場合も、死が生の連続と考えられ、亡くなってからも夫と関係があるように思うのは、日本的心情かも知れません。

夫が亡くなったあとに、夫の親族と縁を切る女性が増えている現実も、夫とのかかわりをなくそうとする表れです。性別役割分業を当然と思っている男性にとっても働き過ぎの問題がありますが、妻と夫の関係をどうつくっていくかは、結婚のかたちを多くとる日本人の課題といっても過言ではありません。

また、現在の墓事情には、墓を守ることができず、いわゆる「墓終《じま》い」をする人がいます。地方へいけば数多くあります。わたしの友人が住む滋賀県の人口12万余りの地方都市でも墓終いがおこなわれているとの話です。わたしの実家の島根でも、弟の話によると、墓終いをする人がいるといいます。土を持って行く人、遺骨を持って行く人、寺に永代供養する人、なかには墓石を持って行く人まで、それぞれのやり方はいろいろですが、墓を守りきれなくなっている人が多くなっています。

その一方で、墓を新たにつくる人もいます。その理由のひとつが、よりどころとしての墓を求めるのだというのです。これまで死の問題など考えたこともない人が、身内を亡くした場合、死後に何をしていいか戸惑うからでしょう。何かをしないといけないと考え、心のよりどころになるものが、仏壇だったり、墓なのでしょう。

しかし、新たな墓は何代先まで墓守をしてもらえるのでしょうか。子どもがいるから安心だと思ったり、子どもにおばあちゃん、おじいちゃんとのつながりを求める人もいるでしょうが、子どもの人生を束縛することになるのではないでしょうか。

墓を守っていくことは大変なことです。遺骨の意味と同じで、粗末に扱えない感情を持たされるのが、墓です。墓守がむずかしくなるとき、負担に感じるのは次の世代です。次世代へ何を残すかを考えることも必要でしょう。

7章　看護に必要なこととは

家をあけなければならないとき

つれあいの余命告知からしばらくはだいたいわたしひとりでやってこられました。つれあいも告知が必要な人以外には知らせないでほしいといったため、隠して看護をしてきたのです。しかし、入退院を繰り返すなかで、自宅にいるときでもわたしひとりではできないことが起こるようになりました。入院時でも困ることが起きたのです。だれかの手を必要とするようになったのです。

まず、わたしが困った最初の入院時は、一晩空けなければならない用事でした。つれあいの心配はしなくてもいいのですが、家には猫がいるのです。島さんが名づけ親であるメイです。世話が絶対に必要です。最低限のこととしてえさやりとおしっこ、ウンチの始末をしなければなりません。だれかが家に来て泊まり、メイの世話をしてもらわなければなりません。

わたしが思いつく友人はひとりしかいませんでした。三栖尚子（仮名、1948年生まれ）さんです。11月に2度来てもらうことになりました。家に泊まってもらえる友人のありがたさをしみじみ感じました。つれあいの余命告知でわたしの気持ちが落ち着かないとき、家の掃除をして友人を待つ気になれません。日常のままをみてもらうことをよしとする友人です。三栖さんにカギを渡し、メイのことを任せて安心して外泊ができたこと、日常のままをみてもらってもかまわない友人がいること、それをほんとうに心強く思ったのです。

つれあいの闘病生活が10か月を経た9月ごろから、わたしだけでは抱えきれなくなってきました。専業主婦ではなかったので、仕事で外出するからです。非常勤のコマ数は少なくなっていましたから毎日出かけるわけではありません。しかし、どうしても外出しなければならないことがあります。そのすべてをキャンセルすることはできませんし、つれあいもわたしが出かけることを当然のこととしていました。

最初につれあいの食事の世話をしてもらった吉武さんにメイの世話もしてもらうことになりました。餌をくれる吉武さんにメイがなついていきました。退院しているときのつれあいの世話もしてもらうことになりました。吉武さんにはいつもカギを持ってもらうことになり、日常の家のなかをみてもらっても何ともない人として、ほんとうにありがたいと思っています。

現在もなおそのままの状態が続いていて、わたしは安心して外出し、外泊もしています。

つれあいがお世話になった友人

つれあいは、入院中の食事を美味しく食べることができませんでした。だから近くの病院へ転院してきたときには、食べることができるものをつくって持参しました。病院食で食べることができたのは、おかゆです。おかゆといっしょに食べる梅干しは三栖さんの手づくりであり、種を出し、たたいて瓶に入れていました。その梅干しは塩加減のよさと実の柔らかさが絶品です。

スムージーとわたしが考えたおかゆがわたしの手づくりです。少しでも体にいいものを考えて、朝食で食べていた昆布と干しシイタケを粉にしてダシとし、煎った黒豆や玄米とクコの実をミキサーで粉にして入れました。そのおかゆの味つけに味噌を使いましたが、これもまた三栖さんの麹《こうじ》からの手づくりです。それに季節の果物を添えました。意識がなくなる前日まで少量にはなりましたが、食べました。毎日同じものを飽きないで食べるのが、つれあいの食生活だったので助かりました。

そのうえもう一品、毎日、意識がなくなる前日まで食べた食品があります。それは、プリンです。そのプリンは友人の戸田みのり（仮名、１９５３年生まれ）さんの手づくりです。つれあいに戸田さんにすべてのことを話してプリンをつくってもらうことになったのは、年が明けてからでした。最初の入院のときには、プリンしか食べることができないときがありました。他のものを受けつけなかったのです。余命３〜６か月といわれていたので、そんなに長くないし、何回かつくってもらうだけでいいと案外軽い気持ちでプリンをつくってもらうお願いをしました。

ところが、戸田さんは意識がなくなるまで、毎週届けてくれたのです。途中やめてもらってもいいとお願いするほどでした。「喜んで食べてもらっているなら」といって、続けてくれました。戸田さんも「よく飽きがこないですね」というほど、毎日欠かさず、つれあいはプリンを食べました。つれあいが亡くなったあと、その話を仲間にしたら、どの人も驚いていました。あたりまえです。11か月もつくってもらったのです。戸田さんには頭が下がります。つれあいは食べたいものを食べて逝ったのです。

ひとりでしなければならないこと

つれあいが亡くなるまで、そして亡くなったあとも友人の存在は大きいです。しかし、友人に任せることができないことがいくつかありました。まずは、担当医と現在の状態の確認の話し合いです。つれあいの前ではできない話です。担当医も忙しいので、なかなか時間がとれません。わたしが病院へ行く時間もまちまちです。そうしたなかで、つれあいに少しでも変化があるときやわたしに不安が生じたときには、担当医に聞くしかありません。

病室を巡回してもらっているとき、ちょうどわたしが居合わせていればさりげなく病室を出ます。そして、担当医を呼び止めて聞きます。あまり長い時間になるとつれあいが心配するので、長くならないよう、そしてわたしが納得できるよう聞きます。

これが案外むずかしいことでした。だから、病院へ着いて、ナースステーションに担当医の姿があるときが一番安心してゆっくり聞くことができました。つれあいの前では絶対に涙をみせないでおこうと決心して実行していたわたしですが、担当医の話を聞いて、思わず涙声になってしまったときもあります。担当医の優しい言葉がつい気を緩ませてしまうのです。いい医師と出会ったとありがたく思いました。だから、わたしは何でも聞けましたし、いえました。看護のなかで、何でも聞ける医師との出会いは大切です。

つれあいの前で涙をみせないと決めたわたしは、家でよく泣きました。ひとりで泣きました。メイを抱きながら泣きました。なぜこれだけ涙が出たり、声をあげるほどに泣けるのか、自分で驚きました。冷静になって考えると、別れの辛さからだと思いました。「覚悟を決めている」と自分を励ますのですが、泣けるのです。別れはいろいろ経験してきましたが、これまでの別れとは違っていたからでしょう。

取り残される感じがありました。何の病気もしていないときに、よくふたりで話したのは、どちらが先に逝きたいかという内容でした。ふたりが一致していて、つれあいが「残りたい」であり、わたしが「先に逝きたい」でした。あとに残すつれあいに心配がなかったからです。何でもできるし、不安材料がありませんでした。そして、わたしはひとりで生きることが何となく嫌だったからです。だから、わたしは「先に逝きたい」と思いました。

つれあいは、自分が長生きできるという確信のようなものを持っていました。確かな証拠になるものは何もないのに、なぜかそういう感じのものいいをしていました。例えていえば、ひとり遊びができる人とできない人の違いかも知れません。つれあいはできる人、わたしはできない人です。

つれあいの状態が悪化するなかで、担当医と話すとき、もちろんつれあいに聞こえない廊下での話です。「先生、つれあいが亡くなったあと、いろいろなことを考えたら、取り残されるわたしがしんどいと思います。『先に逝ったモン勝ち』という本を書きたいです」と何度いったことでしょう。「先に逝ったモン勝ち」はつれあいの死後、実感です。

友人にも頼めないことは、つれあいの洗濯物です。パジャマと下着と靴下ぐらいなのに、すぐにたまっていく感じがしたのです。車が運転できるのは、看護するのに便利だと思います。都合のいい時間に病院へ行けるのです。わたしが入院したときには、つれあいが運転していたので、都合のいい時間に来てくれることができました。そのとき、あたりまえのようにわたしの洗濯物を持って帰るつれあいでした。

しかし、同室の女性のなかには、自分で洗濯室へ行き、自分で洗濯機をまわし乾燥機に入れている人が何人かいました。逆はまずあり得ないのに、入院しているときにまで洗濯機をまわす女性の多さに、性別役割分業は女性が弱ったときにもあたりまえにおこなわれる、と悲しくなった記憶があります。

わたしができることのもっとも重要だと思ったことは、見舞うことでした。友人の少ないつれあい、見舞う人が少ないつれあいが待っているのは、わたしだったからです。わたしは少しでもつれあいが食べたらいいと食べ物をつくりましたが、食べ物よりも大切なことは、病室で待っている人に「来てもらいたい人」となることです。何も持って行かなくても、病室で待っている人の願いがかなうために、見舞うことだと思います。

医師も看護師も入院している人のなかには、来てもらいたいのに来てもらえない人がいるといっていました。淋しい限りです。それは、つれあいでなくてもいい、子どもでなくてもいい、だれでもいい、と思います。見舞ってくれる人をつくるのも見舞う人になるのも、その人しかできないことですし、元気なときからの人間関係です。何度も何度も書いてきましたが、元気なときにつくる人間関係は、その人にしかできないことなのです。

つれあいの死後、事務的な処理をしなければなりません。それもわたしにしかできないことです。助けてもらえない事務的な処理があります。山野さんが奔走したように、ひとりの人が亡くなることで、案外煩瑣な事務的な処理が待っています。その場合に家族がいたら助かるだろうなと思いました。

8章　わたしの死後をどうしてほしいのか

友人が語る自己の死後のこと

藤岡さんには、当初から葬儀の見積書を送ってもらうなど、積極的に協力してもらいました。彼女といろいろな話をするようになったのは、つれあいが亡くなる前に入院しているときからでした。つれあいのことをいいたかったのですが、つれあいから口止めされていたので、黙っていたのです。

つれあいの最後の入院のときです。藤岡さんと電話で話していたとき、藤岡さんはつれあいの体調を心配してくれました。いい状態ではないことをふつうの声で話したら、彼女が察知したのです。彼女はわたしのマンションへ来たことがあるので、つれあいがどこにいるかを知っているからです。

いつもはつれあいが隣の部屋にいるのに、その日の電話ではわたしが悪い話をふつうに話すことに、藤岡さんは異常を感じたのです。「彼は入院しているの？」といわれ、そのとおりだから、ふつうの声の大きさで話していたのです。もうつれあいのほんとうのことを話してもいいと思いました。初めてほんとうに悪いこと、入院していることを伝えました。

藤岡さんは、２０１５年４月に夫を亡くしていて、そのことを友人にもあまりいわず、元気に振る舞っていたので、藤岡さんって強い人だとわたしは思っていました。しかし、だれにもいわなかった分、ため込んでいたのでしょう。２０１６年の夏に体調を崩し、２か月間ほとんど家から出ることができなくなったのです。わたしがつれあいのほんとうのことをいってから、いろいろな話をするようになり、彼女の話も聞きました。

そして、つれあいの葬儀を終えてから、今度は葬儀の話を中心にするようになりました。そのとき彼女は、初めて夫の葬儀関係の書類をみることになったのです。驚きと怒りとない交ぜになった感情が彼女を支配しました。それまで振り返ったことも考えたこともなかった諸々のことでした。

それらに関係するほとんどの書類をわたしにみせてくれ、協力してもらったのです。詳しいことは既述しましたが、彼女とのやりとりは、この原稿を書かせる原動力になりました。すでに登場してもらった3人に自分の死後のことを聞きました。しかし、みんな具体的な内容を話してくれませんでした。いくら問いかけてもみな現在の課題に精一杯であることだけは確認できました。

藤岡さんは自分の死後の問題を具体的に考えられないといい、まだ先の問題だというのです。ふたりの子どもがいて、何かが起こっても面倒をみてくれる子どもがいるからでしょうか。二世帯住宅で建てた家の2階には息子さんの家族が住んでいますし、もうひとりの娘さんの家族は近いところに住んでいます。ひとりで生きるわたしとは大きな違いです。

山野さんは、夫を亡くしたとき、自らの墓も用意した人です。ひとり暮らしとなりましたが、研究や運動に忙しくしていて、死後のことまで考えるのは、まだ先のようです。「死後の問題を考えるのは、源さんぐらいよ」といわれて、そうかなあと不思議に思いましたが、わたしはほんとにマイノリティ中のマイノリティらしいです。

島さんは、長い間ひとり暮らしをしています。それこそ自らの時間を削って運動にかかわっています。一度くも膜下出血をやり、何の後遺症もなく生き返った人です。「わたしの人生は、あそこで一度終わったから気のすむように生きたい」と寸暇を惜しんで運動に身を投じ、講演の合間に温泉を探してはひとり遊びに興じることができる人です。元気な人ほど、そして、余りの人生だと実感しているから、死後の問題などは今の問題ではなさそうです。

わたし自身の死後を考えると

わたしはつれあいを亡くしてからひとり暮らしが始まりました。遺骨を拾わなかったのですが、それ以上の大切なものが、わたしにはあります。しかし、猫はいますが、やはり人間とは異なります。喪失感はどうしようもなく起こってきます。

つれあいが入院しているときにも感じたことですが、「今、わたしに何かが起こったらどうなるだろう」と思いました。父に子どものころからいわれていたことは、身にしみついているのです。「人生はいつ何が起こるか分からない。その起こることはけっしてよいことではない」と。その考えをつねに持っていた父でしたし、それはわたしにも受け継がれています。

つれあいが亡くなったあと、正確にはひとりになることを覚悟した日から、わたしの身の上に何かが起こったらどうしようと真剣に考えました。

カギを渡した吉武さんに、わたしからの連絡が2～3日途絶えたとき、家のなかへ入ってみてほしいと伝えました。もしわたしが倒れて救急車を呼ばなければならないとき、救急車を呼び、吉武さんにつき添ってほしいとお願いしました。吉武さんにはすぐに弟の連絡先を伝えました。そして、弟にも吉武さんから連絡があるときは、わたしに何かが起こったときであると、吉武さんの携帯番号を知らせました。吉武さんは、「源さんは元気だから、そんなことはないですよ」といってくれますが、その保証はありません。

実際、この原稿を書いているときに体調を崩しました。真夜中に変になり、どうすることもできないほどしんどくなりました。時計をみたら2時過ぎです。つれあいのときで救急車を呼び慣れていましたが、携帯電話をとりに行くことさえできませんでした。

朝を待つ時間がとても長く心細いものでした。やっと吉武さんに電話をすることができて、きてもらいました。朝までの何ともいえない孤独な時間はほんとうに辛いものでした。わたしもしんどいですが、メイが食べるものを待っていました。

それから3日間、わたしはほとんど何も食べず、眠り続けましたが、メイの世話は吉武さんにやってもらいました。4日目にやっと起き上がることができて、病院へ行きましたが、1年数か月の疲れが一度に出たせいだと思います。

そんな調子の悪いときに来てくれる吉武さんの声はどれだけありがたかったことでしょう。元気になりたいと思わせてもらえる声かけでした。

わたしは自分の死後をどうしてほしいかは、つれあいが生きているときから話してきたので、今さらの話です。これまでにも書いてきました。

死に方は予想できませんが、死後は何もできない「死体」となります。「死体」となったとき、すぐに来てくれる人がいないかも知れません。それがつれあいとは違うので、大きな課題です。「孤独死」は何とも思っていないのですが、死後の処理をしてくれる人がすぐ近くにいないのです。

吉武さんに死後の処理まで頼むことはできません。やはり弟か甥が来てくれるまで病院の霊安室か施設の霊安室にいるのでしょうか。または、自宅にいるのでしょうか。そこまでは分かりませんが、もう死体になっているので、そこは考えないことにしてもいいでしょう。

死後処理については、すでに弟に伝えています。着せてもらう白衣と白帯は用意してあります。そして、24時間おかないと火葬にできませんから、つれあいと同じ葬儀社に来てもらい直葬をしてもらいたい。つれあいが頼んだように、『正信偈』をあげてくれる人がいたら、そうしてほしいと願っています。弟には伝えましたが、弟とわたしのどちらが先か分かりません。甥に頼みました。

「わたしの骨は拾わないでいい」ことは、ずっと前からいっています。拾った人がその責任を担うことになるので拾わなくていいということです。この話を弟にしたら、「自分の寺には多くの遺骨が入る場所があるから拾う」といってくれました。甥にも同じことを伝えようと思っています。

それで終わりではありません。わたしのマンションのなかのものをどうするかが大問題です。その意味で、ガンになりたいと願っています。そして余命を知りたいと思っています。その間に、わたしの持ちものをすべて処理したいと思うからです。

何の病気になるか何歳まで生きるか予想がつきませんが、直葬代と火葬代と持ち物を処分する代金は用意しておかねばなりません。突然死の場合は持ち物の処分ができないからです。わたしの死後に入る保険金で充分まかなえると思います。現在の受取人が母になっていますが、それは弟、甥の順にいくから大丈夫です。わたしは遺言を残す必要がありません。

　これから、心残りをなくすために、わたしはどう生きたいかが問われます。わたしの考えが他の人のためになることをしたいと思います。それは、この原稿に書いた内容を伝えていきたいことです。

　そして、友人を大切にしていきたいと思っています。友だちが宝であることを、つれあいの発病から死後まで痛感しました。これだけありがたい宝はありません。ほんとうに大切にしたいと心から思います。

あとがき

わたしは２０１６年11月27日につれあいを亡くしました。そのわたしの体験、そして夫や両親を見送った友人の体験が、少しでもだれかの参考になればという思いで、本書の原稿を書きました。しかし、その思いは実は後につけ加えた、といったほうがあたっていります。当初、パソコンに向かったのは、つれあいが亡くなり、その喪失感を埋める思いだけでしたから…。

死後の事務的な処理をしながら、言葉にいい表すことのできない喪失感に包まれていました。家で何もできないままでした。仕事や用事があれば出かけていましたが、帰りにできあいの食品を買い、家でビールで流し込む生活でした。これは、つれあいの入院中も同じことでしたが、さらにその状況は悪くなっていました。

12月の暮れになる頃、さすがにこのままではいけないと思い始めました。何をすべきかを思いつくまでにあまり時間はかかりませんでした。

何人もの友人から葬式にかけた金額や「取られた」という思いを聞いていました。それに対して、わたしの場合は何も思い残すことなく文句なくつれあいの葬儀をすることができました。そのことの違いは大きな問題だと思い、つれあいと生前に、死後のことを話し合っていたことを書きたいと思ったのです。そうすることでつれあいの死にもきちんと向き合えるし、わたしの喪失感を埋めてくれるのではないかと考えたからです。

それから、家で時間があるときはパソコンに向かっていました。葬式のことを考えたら、戒名の問題も出てきます。また、墓の問題もあります。そして、それらにまつわるさまざまな問題が次から次へ広がっていったのです。わたしがこれまで考えてきたり感じたりしてきた内容です。

葬式に参列して「天国の◯◯さん」の言葉ひとつをとっても、仏式でおこなっているのにおかしいと思っていました。そういういい方がいつごろからおこなわれたのだろうと疑問に思っていたことを解決したいと思ったのです。また、喪中ハガキを今でも出す人が多くいますが、喪に服しているわけでもないのにどうして多くの人が出しているのだろう、などの疑問や課題をわたしが納得するよう書いてみたいと思うようになりました。

そこで、わたしだけの体験ではすまないと思い、夫や両親を見送った友人たちに連絡をとり、彼女たちの体験を聞くことにしました。

つれあいの最後の入院中からよく話していた藤岡有希子さんは、夫を亡くし、家族葬を考えていたのに、葬式、墓、戒名料などを息子さんにまかせたことで、予定以上の支払い金額に腹を立てた人です。

山野映子さんは宗教を専門とする研究者ですし、きちんとものをいう人です。夫の葬式を家族葬でできたにもかかわらず、夫の親族の介入にいいなりになってしまったのです。墓は自分で考え納得のいく墓をつくりました。そのときに同時に自分の墓も購入しました。

島桃子さんは両親を直葬で送った人です。関西では珍しいですし、母親のときにはまだ直葬という言葉がありませんでした。ただ、彼女は葬式などの問題に関心がなく、母親のときは父親がおこない、父親のときは長女であるにもかかわらず、妹さんに一任しました。

3人の友人はわたしの頼みに快く協力してくれ、「見積書」などもみせてくれたのです。友人の例がすべての人にあてはまるわけではありませんが、実際におこなった人の内容がよく分かりますし、考える材料を提供してくれたとほんとうにありがたく思っています。

そして、わたしが体験したつれあいの死とその後のことを書くことができました。わたしは体験の提供者としてはもっともシンプルですが、何ひとつ不満が残りませんでした。

多くの人がわたしの話に驚かれます。直葬でお骨を拾っていないからです。お骨が手元にないことは、それ以後の墓の問題などに悩むことがありません。それはつれあいとの話し合いが生前にあり、ふたりが納得していたことですし、わたしの考え方を踏まえたものでもあります。その考えこそ、遺骨をどうするかの問題です。つれあいとわたしの考えは親鸞の思想によるところが大きいと思っています。つれあいの遺骨よりも大切なものがわたしのなかに残っています。

しかし、この日本では遺骨を拾わないという考え方は、まだまだ一般的ではありません。なぜでしょうか。遺骨を特別なものとして考えてきたからでしょう。特別としてきた遺骨について、もう一度考えてみる必要はないのでしょうか。そのことを本文で検証したつもりです。

そして、それはまた、墓をどのように考えるかにつながります。現在、墓を不必要と考える人も少なからずいます。しかし、その人たちの答えはみつかっていないと思われます。

葬式や墓などの死後の問題は、死をどのように捉えるかの問題でもあります。つまり、生きているときの問題です。だれもが死んでいくのですが、自らの死をどう捉えるのか、大切な人の死をどう受け止めていくのかなどの問題です。

死の問題が長い間タブーでしたが、「終活」の言葉に表されるようにタブーではなくなってきました。しかし、タブーではなくなったにもかかわらず、死・死後の問題を夫婦・親子・きょうだい間などで話し合っている人が少ないことが分かりました。

元気なときに死・死後の問題をつれあいと話し合ってきたわたしは、この本を通して、死・死後の問題をもう少し具体的に話し合っておいたほうがいいことを提唱したつもりです。

それは、具体例を提示してくれた友人や講座で体験した人たちの話から、死後に起きる葬儀社とのやりとりで、「ノー」といえない人が多いことが分かったからです。また、親族からの提言を不必要だと思いながら、そのまま受け入れてしまった人もいました。そして、葬儀が終わったあとに、文句や不満を抱いたのです。

しかし、そのときにはもうどこにもいっていくところがないのです。そのことが次回に活かされるかというと、なかなか活かされません。なぜなら、そんなに早く次回が来るとは限らないからです。そして、次回がきたときには、以前腹が立ったことはすでに過去のこととなり、忘れている場合が多いのです。

葬儀社や仏具店や僧侶などに支払ったあとに不満や文句を持たないためにはどうしたらいいかを、この本で提示し、参考にしてもらいたいと思います。

亡くなった人がどう考えていたかを知るのは、やはり生きているときに話し合っておくことだと思います。それも病に倒れ、例えば、余命を告知されてからでは話しにくいものです。突然死なら何も話さなかったことになります。元気なときに死と死後の話をしておくべきだと思います。

その点、わたしはつれあいとこういう話ができましたし、死や死後の問題はつれあいと生活をともにする以前から考えていたことです。なぜ考えることができたかは、宗教ととくに仏教に関心があったからです。わたしが寺に生まれたことは大きな意味を持っていました。しかし、寺に生まれなくても宗教を専門にしなくても関心を持つことはできると思います。

だれもが死を迎えます。また結局は、ひとりで死んでいくことになります。死とはそのようなものだと分かっている自分の死について向き合うことも提示したつもりです。仏教でいう「独生独死」の問題です。

わたしに葬儀やお墓のことなどの経験を提供してくれた友人たちは、現在を生き甲斐と使命を持って生きています。尊敬できる友人ばかりです。その友人たちに死・死後の問題をどう考えているかを尋ねたら、意外と「関心がない」ことが分かりました。

「生」の問題を真剣に考えているのに、「死」を考えていないことが不思議でした。寺に生まれ育ち、宗教を専門にしてきたわたしだからとはいえない思いがしましたが、現実はそのとおりでした。

団塊の世代の友人が多いのですが、自分の死がいつ訪れるか分かりません。極端にいえば、明日は分からないのが人生です。わたしは自分の死に向き合い、そのことと死後の問題を含めてだれかに伝える必要があると思っているので、その提案もしたつもりです。

親子・夫婦・友人関係など、生きているときに対等ないい関係をつくるのは、案外むずかしいものです。また、「人はひとりでは生きていけない」ことをひとり暮らしで実感するのに、死後のことをひとに任すのも難題です。いざというときにだれに頼めばいいのでしょう。課題が残ります。

わたしはこれまでに数冊の本を出版してきました。しかし、今回の原稿はこれまで書いてきたものとまったく違いました。一気に書き上げることができました。自宅で時間があるときはパソコンに向かい、食べることも忘れていたことがたびたびでした。ただただつれあいの死の喪失感を紛らすためでした。そして、書くことがあったから、これからひとりで生きる覚悟も持てたと思います。原稿を書きながら思っていたのは、「ひとりで生きていくのだ」ということでした。

しかし、友人の助けがなかったら、わたしはとうていつれあいの発病から現在まで生活していくことはできなかったと思っています。原稿の後押しをしてくれた友人のほかに、しんどさを聞いてもらったり、猫の世話をしてもらうなど、いろいろな面で友人の助けがあったおかげだと感謝しています。

その友人たちに本名で登場してもらうのは気が引けましたので、仮名とすることを伝え、その名を自分で考えてほしいと伝えました。多くの友人が考えた結果だろうと思いますが、旧姓を名乗ったことに驚きました。わたしたちの世代は結婚に際して夫の姓に変えることをあたりまえにした時代だったのです。これからもその友人たちとの関係を大切にしていきたいと心から願っています。

この度の出版に関しては、あけび書房代表の久保則之さんにはたいへんお世話になりました。あけび書房から本を出している友人が、あけび書房に声をかけてくれたのが始まりでした。久保さんがテーマに関心を持ってくださり、温かい励ましと厳しいコメントのおかげで、できあがりがよくなったと確信しています。久保さんとわたしの誕生日はほんの数日しか離れていません。そのことも含めて、以前から知り合いだったかのように会話がはずみ、楽しい本づくりができたこともうれしいことでした。感謝を申し上げます。
これまでに出版してきた本へのコメント役はつれあいでした。今回はその役を久保さんがみごとに果たしてくださいました。つれあいの一周忌にも大奮闘で間に合わせてくださいました。ほんとうに感謝の気持ちで一杯です。

2017年10月30日

源 淳子

葬儀に関してあらかじめ準備しておくチェックポイント

❶死・死後について夫婦・親子・きょうだいなどで話し合っていますか。
A：はい　B：いいえ

❷①でいいえと答えた人は、なぜ話し合っていないと思いますか。
A：死のことはタブーだから
B：縁起でもないと思うから
C：まだ先のことだから
D：その他

❸どこで最期を迎えたいですか。
A：病院　B：自宅　C：その他

❹亡くなったあと、着たいものを決めていますか。
A：はい　B：いいえ

❺どんな葬儀にしたいですか。
A：家族葬　B：直葬
C：これまでと同じ　D：その他

❻⑤で家族葬と答えた人は、家族葬の葬儀社のパンフレットを見たことがありますか。
A：はい　B：いいえ

❼⑥ではいと答えた人は、どのランクにするか決めていますか。
A：はい　B：いいえ

❽⑤で家族葬と答えた人は、家族としてどの人を呼ぶか決めていますか。
A：はい　B：いいえ

❾⑤で家族葬と答えた人は、何式でおこなうか決めていますか。
A：はい　B：いいえ

❿⑨ではいと答えた人は、どんな式ですか。
A：仏式
B：キリスト教式
C：神式　D：その他

⓫⑩で仏式と答えた人は、僧侶を呼ぶと決めていますか。
A：はい　B：いいえ

⓬ ⑪ではいと答えた人は、檀家制度下の僧侶ですか。

A：はい　B：いいえ

⓭ ⑫でいいえと答えた人は、僧侶をどのようにして決めますか。

A：葬儀社に決めてもらう

B：知り合いの僧侶に頼む　C：その他

⓮ ⑩で仏式と答えた人は、僧侶へのお布施を決めていますか。

A：はい　B：いいえ

⓯ ⑭でいいえと答えた人は、お布施をだれに相談して決めますか。

A：葬儀社に聞く　B：家族で決める

C：経験者に聞く　D：その他

⓰ 戒名（法名）をつけると決めていますか。

A：はい　B：いいえ

⓱ ⑯ではいと答えた人は、だれに戒名（法名）をつけてもらいますか。

A：檀家制度下の住職　B：葬儀社が決めた僧侶

C：知り合いの僧侶　D：その他

⓲ 戒名料はどうする予定ですか。

A：高くても払う

B：事前に聞く

C：その他

⓳ ⑯でいいえと答えた人は、どのように決めていますか。

A：俗名のまま

B：すでに得度をしていて戒名（法名）を持っている

C：その他

墓・仏壇に関してあらかじめ準備しておくチェックポイント

❶ 墓をすでに持っていますか。

A：はい　B：いいえ

❷ ①ではいと答えた人は、そこに家族、自分も入ると考えていますか。

A：はい　B：いいえ

❸ ②でいいえと答えた人は、どのような考えを持っていますか。

A：夫とは入りたくない　B：墓終いをしたい

C：その他

❹ ①でいいえと答えた人は、墓をどうしたいですか。

A：新たにつくりたい

B：つくりたくない

❺ ④で新たにつくりたいと答えた人は、どんな墓をつくりたいですか。

A：これまでのような墓

B：樹木葬として山に納める

C：納骨堂に納めたい

D：その他

❻ ④で墓をつくりたくないと答えた人は、どうしたいですか。

A：散骨をしたい

B：一心寺のような骨仏にしたい

C：ペンダントにしたい

D：収骨をしない

E：その他

❼ 仏壇が家にありますか。

A：はい　B：いいえ

❽ ⑦でいいえと答えた人は、家族のだれかが亡くなったら仏壇をどうしますか。

A：買う　B：買わない

❾ ⑧で買うと答えた人は、仏壇のパンフレットを見たことがありますか。

A：はい　B：いいえ

❿ ⑨ではいと答えた人は、どの程度の値段の仏壇にするか決めていますか。

A：はい　B：いいえ

⓫ 位牌をつくることを考えていますか。

A：はい　B：いいえ

⓬ ⑪ではいと答えた人は、位牌をどのようにして買う予定ですか。

A：寺の住職から　B：葬儀社から

C：仏具店で　D：インターネットで

E：その他

源 淳子（みなもと じゅんこ）

1947年、島根県奥出雲町の浄土真宗本願寺派の寺に生まれる。

龍谷大学大学院修士課程修了、大谷大学大学院博士課程満期退学。

得度により僧籍を持つ。

専門は仏教、フェミニズム。仏教をはじめ日本の宗教における女性差別などを中心に研究を続ける。関西大学、近畿大学などの非常勤講師を長く勤め、現在は、関西大学人権問題研究室委嘱研究員、世界人権問題研究センター客員研究員。

【単著】『鎌倉浄土教と女性』（永田文昌堂、1981年）、『仏教と性』（三一書房、1996年）、『フェミニズムが問う仏教』（三一書房、1996年）、『フェミニズムが問う王権と仏教』（三一書房、1998年）、『「母」たちの戦争と平和』（三一書房、2008年）
【編著】『「女人禁制」Q&A』（解放出版社、2005年）
【共著】『女性と東西思想』（勁草書房、1985年）、『性差別する仏教』（法藏館、1990年）、『日本的セクシュアリティ』（法藏館、1991年）、『解体する仏教』（大東出版社、1994年）、『加害の精神構造と戦後責任』（緑風出版、2000年）、『現代の「女人禁制」』（解放出版社、2011年）、など

自分らしい終末や葬儀の生前準備
──「生老病死」を考える──

2017年11月27日　第1刷発行

著　者──源 淳子
発行者──久保 則之
発行所──あけび書房株式会社
102-0073　東京都千代田区九段北1-9-5
☎03.3234.2571　Fax 03.3234.2609
akebi@s.email.ne.jp　http://www.akebi.co.jp

組版／キヅキブックス　印刷・製本／モリモト印刷
ISBN978-4-87154-156-5　C3036

あけび書房の本

現代フェミニズム思想の教本、ベル・フックス代表作の渾身の翻訳本
ベル・フックスの「フェミニズム理論」
ベル・フックス著　野崎佐和、毛塚翠訳　フェミニズムとは一体何なのか？　ベル・フックス理論が古びない理由は？　多面的にフェミニズム問題を解明し、運動の在り方を提起した歴史的名著。
２４００円

分かりやすさ抜群！
間違えてはいけない老人ホームの選び方
本間郁子著　特養ホームを良くする市民の会理事長などで活躍する筆者が、選び方のポイント、トラブル予防・解決法を分かりやすく記す。「施設のチェックシート」付き。利用者・施設関係者必携の書。
１４００円

福祉施設がポンプ役のまちづくり
里山人間主義の出番です
指田志恵子著　生きがい、働きがいを大切にしたまちづくりを描く。
永六輔（作家）楽しくなければたたかわない
藻谷浩介（『里山資本主義』著者）ここに「里山資本主義」の神髄がある
１６００円

今、私たちは何をしたらいいのか？
重大な岐路に立つ日本
世界平和アピール七人委員会編　池内了、池辺晋一郎、大石芳野、小沼通二、高原孝生、髙村薫、土山秀夫、武者小路公秀著　深刻な事態に直面する日本の今を見据え、各分野の執筆陣が直言する。

１４００円

価格は本体